JN272143

The Eternal Marketing

不変のマーケティング

神田昌典
Masanori Kanda

フォレスト出版

■「伝説のメンバー」の実践がここにある

はじめにお断りしておくが、あなたが、これから夢中になって読む原稿――それは10年以上も前に書かれた。

ビジネス、とくにマーケティングという技術革新の激しい分野で、10年前の文章は、もはや、縄文時代の化石を博物館で観るようなものだろう。

だが、ちょっと待った！

ページをぺらぺらとめくってみるだけで分かるだろうが、数ページ後から始まる文章は、おっとどっこい、まだ生きている。

切れば血が噴き出してくるほどで、あなたが油断していれば、襲いかかってくるだろう。

本書の価格は1600円。

だから内容もその程度。鞄《かばん》に入れて軽く持ち運びできると、甘く見られちゃ困る。

あなたが手にしているのは、実は、この塊なのだ。

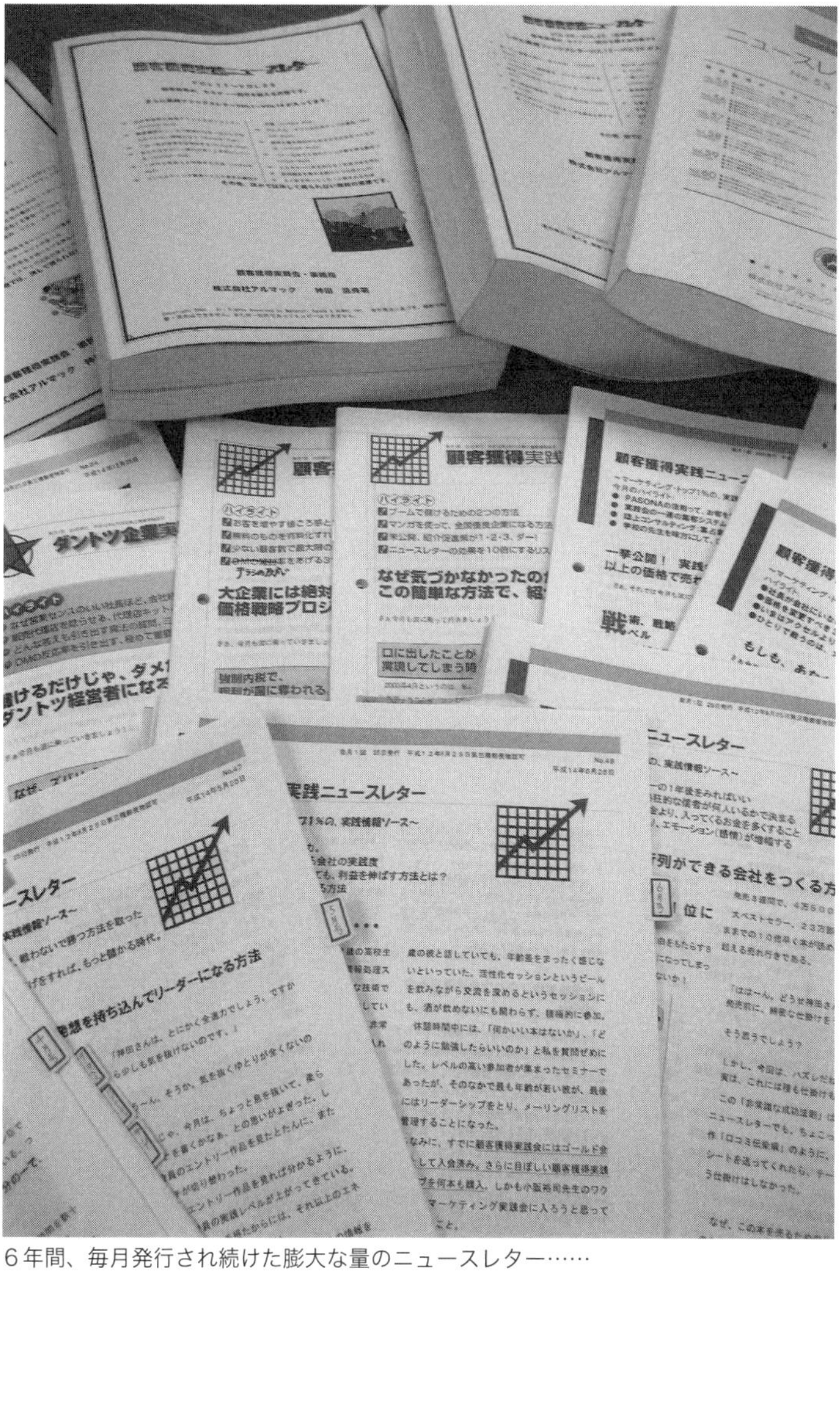

6年間、毎月発行され続けた膨大な量のニュースレター……

正直、片手で持てる重さじゃない。齢《よわい》50を目前に控えた私が持てば、腰を痛める危険があるほどだ。

重いのは、紙の厚みのせいだけじゃない。4000人超もの経営者が、6年間にわたって懸命に実践した、体験の重さだ。

この塊の中から、あなたを生涯にわたって富ませ続ける方法論、そしてビジネス魂に火を灯す文章を選《え》りすぐり凝縮したのが、この本だ。

本書に含まれているビジネスメソッドの、ほんの一部を挙げてみよう。

●顧客の「頭の中」を読んで、確実に購買に結び付ける方法
●売上が一気に6倍に増えた広告表現
●他社の顧客リストを利用して稼ぐ方法

さらには、

●一瞬にしてあなたのビジネス・商品が輝き出す仕掛け
●あなたの会社のファンを一気に増やす仕組み作り
●〝売上を上げる文章〟を書く方法

などなど……。

あなたに知ってもらいたいのは、これらのノウハウは机上の空論ではなく、4000社を超える会社の経営者が、月々広告費を投下しながら、現場で実践した結果から生み出したものだ、ということ。

この4000社は、今や伝説となった「顧客獲得実践会」（略称「実践会」）のメンバー。1998年から2004年の約6年にわたって活動したが、我々の実践から生み出された売上増は、少なくとも3000億円を下るまい。

■時が経てば経つほど、効果を発揮するノウハウの塊

本書に掲げるマーケティング・ノウハウの多くは、ネット全盛前——コンピュータより

も人間と向かい合う時間が圧倒的に長かったアナログ時代――に、実践・開発された。

だから今となっては、さすがに役立たないのではないか……。

私自身もそう思い、約7年前に本原稿を倉庫の奥深くに封印。その後は、人目に触れることもなかった。

しかし時が経ち、蓋《ふた》を開けてみれば、ネット全盛の今だからこそ使える、本質的なノウハウに熟成していた。

いったいなぜアナログ時代のノウハウが、デジタル時代により効果を発揮するのか？

その理由を、あなたに分かってもらうために、過去15年間のマーケティングの変遷を、早送りでご覧いただこう。

ネットが本格的に登場する前のこと――。

事業を成長させるための決定打は「テレビCMを出せるかどうか」だった。

CMを出せば、会社の認知度が高まる。その結果、顧客は店頭で、その会社の商品から買い物カゴに入れるし、その会社の営業マンが訪問してくれれば、信頼してドアを開いたからだ。

しかし、テレビＣＭで売上効果を上げるためには、「最低でも5億円程度の予算を組んでもらわないと……」と言われていた。中小企業にとっては、この予算は出せるはずもない。だから彼らは、大手企業の下請けとしてやっていくしかないと考え、年々強まる値下げ要求に頭を下げ続けていた。

このフラストレーションは、私も同じだった。

当時、私は、米国大手家電メーカーの日本支社長《カントリー・マネージャー》をしていた。日本支社長という肩書ではあるものの、実態は1人事務所で、要は「市場をゼロから開拓しろ」ということだ。日本向け商品もないのに、大手量販店が取引してくれるはずがない。にもかかわらず、「3カ月以内に売上を上げないとクビになります。しかも予算もゼロです」という状況。

米国のビジネススクールで学んだ知識は、すでにでき上がった事業の管理には役立つが、ゼロから事業を立ち上げるにはまったく無力。

生まれたばかりの子どもがいる私は、クビになるわけにはいかない。

そこで私は、お金をかけずに顧客を集めるにはどうしたらいいか、と悩みに悩んでいる最中に、「ダイレクト・マーケティング」という分野があることを、米国出張中にふらりと立ち寄った書店で発見。自分から売り込みをしなくても、相手から売ってくれと頼んでくる方法だという。

要は、「言葉の使い方の違いだけで、売上が何倍も違ってくるから、その知識を学べば、広告を出せば出すほど利益が上がるようになる」ということ。

そんなうまい話があるはずがない……。そう思いながらも私は、「もし本当だったら、クビにならなくて済む」と興味を引かれていった。

■営業経験がまったくない元役人の私が、面白いように数字を上げ始めた

調べてみると、米国でダイレクト・マーケティングはすでに、100年以上の歴史がある。国土が広い米国では、小売店による流通網が限られているから、新聞広告による通信販売が1920年代から始まっていた。

その経験から、言葉ひとつの選択の違いで、大きく売上が左右されることを当時の広告マンらが発見。どんな言葉、どんな特典、どんなレイアウトを使ったときに、人々は広告に反応するのかに関する膨大なデータを蓄積し始めた。

その結果、言葉の選択で顧客の反応を引き出し、売上に直結させる広告手法が発達したのである。

私は、この手法を日本に持ち込んで、本社には内緒で実験し始めた。その結果、広告への反応は爆発。今まで何をやっても、うんともすんとも言わなかった広告に、突然、数百ものカタログ請求が入り始めた。

私は興奮した。億単位のテレビ広告ではなく、10万円の小さな新聞広告を出すだけ、または5万円の予算でファクスを送るだけで、自分の商品に高い関心を持つ見込客が集まる。

私からの連絡を待っているお客だけを応対するので、営業経験のまったくない元役人の私ですら、面白いように売上を上げ始めたのだ。

日夜を忘れて、売上を上げるマーケティングに没頭した。気づいたときには40フィートのコンテナに詰まった家電製品を毎月何本も輸入し始めた。

私は、当時誰も知ることがなかった、このマーケティング・ノウハウを、今度は取引先の住宅会社と実践し始めた。

すると……今度は家電ではなく、高級住宅がまるまる1棟売れてしまうじゃないかっ！

私は、自分の頬《ほお》をつねった。夢じゃないかと。

97年末のことだった。しかし、夢は長くは続かなかった。

■大不況。大変革。そのたびに進化する方法論

バブル崩壊から立ち直りの兆しがあった景気は、この年に再び急速に悪化。誰もがつぶれるはずがないと信じて疑わなかった大手証券会社までが、一夜にして経営破綻《はたん》した。

私が率いていた事業も、円安で収益力が低下。本社によるアジア戦略変更もあり事業を清算、サラリーマンとしてのキャリアを閉じた。

中小企業への打撃は、深刻だった。大手企業からの受注が激減したうえに、当時、広告代理店から言われるままに出していたイメージ主体のチラシやＤＭへの問い合わせがパタリとなくなった。

八方塞《ふさ》がりの状況の中、私はダイレクト・マーケティングが、突破口になると確信。その方法論を実践、結果を共有する会員制組織である「顧客獲得実践会」を立ち上げた。ほどなく建設・住宅、飲食、医療、税理士・会計士、冠婚葬祭、流通をはじめとするあらゆる業種で、低予算で結果を上げる事例が集まり始めた。

このように共同開発された「実践会メソッド」が、２００1年以降、デジタルに飛び火した。

当時ネットビジネスは草創期。「電子商店で本当にモノが売れるのか」という議論が真剣になされていたときだ。

女性の水着写真を掲載すれば、ホームページにきてくれるだの、バナー広告を出稿すべきだの、更新頻度を高めなければならないなど――さまざまな意見が飛び交ってはいたが、実際には、何をどうすれば売上が上がるのか、誰もが暗中模索だった。

そんな状況下、現実に売上を上げ始めたのが、実践会メソッドだった。売上につながったチラシをベースに、1枚ものホームページを作ったのだ。写真を入れると重たくなるので、テキストばかり。すると自動販売機のように、ほとんど手をかけることなく売上が上がり始めた。

当時、始まったばかりの楽天では出展者への研修会で、拙著『あなたの会社が90日で儲かる！』（フォレスト出版刊）や『60分間・企業ダントツ化プロジェクト』（ダイヤモンド社刊）が必読書として推奨されていた。その後、楽天店舗による販売法は、日本のすべてのネットショップに大きな影響を与えていったことを踏まえると、今、効果的な商品販売ページとして定着している原理原則――コピーライティング、商品メリットの打ち出し方、お客様の声の見せ方、文章展開プロセス、特典および保証の提示方法――などが、もとをたどれば、実践会メソッドが原型となっていると言っても過言ではない。

■時代がダイレクトになればなるほど、実践者が増えていく

もちろん、今まで話してきた15年のマーケティングの歴史は、私ひとりで築き上げたわけではない。

私は、きっかけを創っただけ。拙著に刺激を受けた人たちが、それぞれの業界で実践、アナログ経験をデジタルに生かしていった。インターネットの普及につれ、売り手と買い手の距離が近くなっていく中で、当時少数派だったダイレクト・マーケティングは、マーケティングのスタンダードになっていった。

私の弟子ができ、その弟子が弟子を作り、その弟子の弟子が、さらに弟子を作るといった具合であり、今現在、ノウハウの最先端を実践している人たちは、すでに第4世代に入っている。

「だったら、こんな10年以上も前に書かれたものじゃなくて、今、結果を上げている最先端のノウハウを学んだほうがいいじゃないか。そっちのほうが新しいんだから……」

あなたがそう思うのも、ごもっともだ。事実、私も今、30代のマーケターたちからさま

ざまなノウハウを教えてもらっている。

ただ覚えておきたい、大切なことがある。

それはデジタル領域だけの経験では補うことができない貴重な経験が、アナログ・ビジネスを通して、学べるということだ。

そして、それらを組み合わせたとき、世代を超えた〝大きな共通の夢〟が、実現に向かい始める。

■ビッグデータ時代でこそ求められる、ビジネス感性とは?

売上を手っ取り早く上げたいなら、デジタルがもっとも効率がいい。夏の最中にも、汗をかかずに、コンピュータ画面上の変わっていく数字を眺めるだけでいい。

それに比べ、アナログは、実に効率が悪い。雪の降る中でも、チラシを1枚1枚配りに行く。ドアベルを鳴らせば、犬に吠《ほ》えられるし、電話をかければ、ガチャンと切られる。ライバル会社からの嫌がらせ、理不尽な顧客のクレーム……そんな冷や汗の連続の果てに、顧客に喜んでいただいたときの笑顔……。

その一連のプロセスを体験したものが積み重ねてきたメソッドは、はっきり申し上げて、強みがある。

「不変」だ。

ビッグデータ時代がこようと、そこには人間の営みを身体に刻み込んできた、本質的な強みがある。

マーケティング技術は急速な勢いで進化している。顧客データを分析して、最大利益を上げようとする試みは——デリバティブ商品を開発し錬金術を行う金融工学と同じように——マーケティング工学への段階へと入っている。

しかし、どんなに複雑なアルゴリズムを組み上げたとしても、ビジネスは最終的には、人と人との営みである。

商品を買っていただけるかどうか……それは画面の上に流れていく数字の背景に、顧客の息づかいを感じ取れるかどうかにかかっている。

売上を上げるための感性——そこに関しては、私たちおじさんも、負けてはいられないのだ。

正直、暑苦しい。だが、そうした暑苦しさが、今のデジタルリテラシーが高いビジネスパーソンと出会ったとき、〝最強〟になる。

世代を超えた知識が共有され、新しい世界の構築を加速する。

だから本書は、高校生から定年退職後のお父さんにいたるまで、幅広い世代にお読みいただきたいと思っている。

今までビジネス書に対して興味がなかった人もページを開けば、「えっ、ビジネスって、こんなに刺激的だったんだ」と体温が上がり始めるだろう。

■世代を超えた知恵を、引き継ぐ条件

アナログ時代で培ったビジネス感性を、デジタル時代の夢《ビジョン》実現のために引き継いでいく――こうした目的を持つ本書であるが、それを引き継いでいくには、1つの条件がある。

ある会社に勤める男性が、所属する事業部の売上拡大を真剣に考え出したときのことである。彼は社長に呼び出され、次のように言われたという。

「お前、そんなにやる気があるんだったら、〝実践会メソッド〟を見せてやってもいいんだぞ」

その社長は、実践会メソッドで会社を年商7億円から21億円まで成長させてきた人物だった。社長にとっては、やる気のあるやつだけが、この文書に触れてもいいということだ

ろう。

私も、その通りだと思う。

本書には、多数の実践事例が掲載されているが、当初、私が原稿を書いてから10年という年月が経っているにもかかわらず、事例提供者からは、今回も快く掲載許可をいただいた。

それは彼らが、自らの体験があなたに引き継がれていくことにより、明らかに世の中が良くなっていくことを知っているからである。顧客が喜び、社員が喜び、家族が喜ぶことを、知っているからである。

今ビジネスは、世界を変えるにもっとも強力なツールだ。

政治も、行政も、宗教も、教育も、どの分野も——変化を加速していくには資金がいる。

その資金を生み出せる存在は、唯一「ビジネスパーソン」なのだ。

だから、1人でも多くの実践者《ビジネスリーダー》を、社会は必要としている。

4000人超の実践者たちの、読者への願いは1つだ……。

実践して、お前の才能を生かし切れ。
そして恩は、社会へ返せ。
それが、本書のノウハウを実践するものに課せられた条件だ。

神田昌典

不変のマーケティング——目次

——世代を超えて引き継がれることで、新しい現実が始まる——

【プロローグ】 1通のDMから、すべてが始まった

第1章 感情マーケティングの基本概念を紹介！

第2章　神田のマーケティング必殺技

第3章　売上アップの「突破口」を探る！

第4章 お客様をファンにして、口コミを起こす方法

第5章　私が犯した罪と罰

編集協力／橋本絢子
図版＆ＤＴＰ／新藤昇

本書は、1998年～2004年の間に毎月発行された、顧客獲得実践会（のちにダントツ企業実践会）向けの全ニュースレターの中から、著者・編集部により厳選したトピックを掲載しています。

時系列はランダムであり、また文章も原則的に当時の著者の表現のままとしております。2014年現在から見れば、事例的に古いものも見受けられますが、選ばれた内容はもちろん（現在でも効果絶大である）〝不変の〟ノウハウです。

これらの点をご賢察いただき、当時の著者及び実践会の〝熱い空気〟をお感じいただければ幸いです。

フォレスト出版編集部

プロローグ

1通のDMから、すべてが始まった

なぜ、私はDMを書き始めたのか？

今だから言える、私の独立当時の秘密を告白しよう。

実は、創業から間もない頃、独立資金を食いつぶして大変だった。５００万円ほど退職金をもらっていたので、そのうち３００万円つぎ込んでダメだったら、実家の商売（浦和で学生服の小売業をやっていた）を継ごうと思っていた。

預金通帳の数字が、どんどん減っていく。うちは子どもが２人いるから、けっこうお金がかかって、計算するとあと１カ月しかもたなかった。不安だった。何が一番の悩みだったかと言えば、前例がないからほとんど数字が見えなかったことだ。

実践会メンバーシップ*は、いったいいくらで売るべきなのか？　どのくらいの成約率が見込めるのか？　まったく先行きが見えない。これはかなりフラストレーションだった。

はじめは、新聞広告で見込客を集めようと思っていたわけ。ところが、広告審査なんていうのがあって、**「広告審査を通るのは難しい」**と広告代理店から言われてしまった。そりゃそうだ。新設法人で、四畳半の事務所で、社員が私しかいなくて、しかも通販……。

そこで広告を出す代わりに、しょうがないから「ファクスでダイレクトメール（以下、

実践会メンバーシップ：1998年から2004年まで神田昌典が主宰した「顧客獲得実践会」。ダイレクト・マーケティングを実践する組織として日本最大級の規模を誇り、約4000社、延べ２万人が参加。この活動に多数の起業家、ビジネスリーダーが影響を受けた。

DM）をやろうじゃないか」と思ったわけだ。

本当に返信があるかどうかも不安だった。でも苦情の嵐になることも覚悟して、とりあえずやってみた。するとなんだか分からないけど、3～4％の反応率で返ってくるじゃないの。外出先から事務所に戻ってみると、山のような返信がきていたのだ。ファクスの紙がなくなるくらい。これには、興奮したね。

ファクスの内容は、「顧客獲得法についてのレポートを希望者に差し上げます」というもの。そして、読了後にアンケートを記入してもらうというパターンだ。アンケートの結果の中には、非常に好意的なものもあった。それで「これはいけるかもしれない」とマニュアルを書き始めたわけ。そしてビデオを作って、商品ができた。

つまり、商品があって、その商品のマーケティングをしたんじゃない。マーケティングをして、欲しがる人がいることを確認してから、商品を作ったのだ。

これは今でも、私がダイレクト・マーケティングを進めるうえで、非常に重要な点だと思っている。

当時、多くの人は〝商品志向〟だった。つまり、「この商品は売れる」と思って仕入れる（もしくは開発する）。そして、自分本位に「この商品であれば、この価格で売れるはずだ」

と価格を決定する。さらには、「この商品はこのターゲットに売れるはずだ」と、その商品を売ってくれる人を探そうとしている（この常識が間違いのもとだ）。

小売店の人だと分かると思うが、要するに、うまくいくかどうかというのは、市場が決定することではないか？　それにもかかわらず、多くの人が商品・サービスありきで事業を考える。これが大変な苦労をおびき寄せる。

それよりは、**お客を探す。そしてその後に、そのお客が欲しがる商品を提供する。**すると、リスクはまったくないはずだ。しかもダイレクト・マーケティングの考え方を利用すれば、かなりの小予算でテストできることになる。

私の場合は……。

①まずファクスのＤＭを１枚書いた。

②その反応があったからレポートを書いた。

③そして、レポートの評判が良かったから、セミナーを開いた。

④そして、マニュアルを作った。

⑤その後、誰がどのくらいの価格であれば、購入するのかをテストした。テストの結果

に基づいて、価格とターゲットを決定した。

このように、まず**お客を探し、ニーズがあることを確かめてから商品を提供すること**で、リスクが減らせるのだ。

"このやり方"は、通常の方法に比べてどのくらい売上を伸ばすか？

まず、代表的な成功事例といったら、このケースだろう。技術者向けの研修教材を販売するDMだ。

このケースが参考になるのが、まったく同じ条件でテストをした場合に、通常の売り方と、我々実践会のメソッドで、どれだけ売上が違うか。

どのような結果が出たと思う？

実はこの教材販売の会社は、これまでとても優秀な人がDMを作ってきた、日本ではトップクラスの実力派企業だった。

その実力に対して、実践会のメソッドでは、どれだけ売上が多かったか？
10％？ 20％？ それとも40％？ どれも違う。
答えは、600％。つまり……手紙1枚で、6倍の売上！
やっぱり、実践会のメソッドは正しかったのだ。*

顧客名簿がなかったら？

江戸時代の商人は、屋敷が火事になると、真っ先に顧客台帳を井戸に投げ込んでから外に逃げ出した。当時の顧客台帳は特殊な紙でできていたので、水に濡《ぬ》れても文字が消えなかったのだ。当時の商人も、「顧客リスト」は何よりもの財産であることを理解していた。

企業にとって一番の財産とは、顧客リスト。では顧客リストは、どこから集めてくれば良いのだろうか？

学生服を販売している私の実家の例でいえば、第一に、膨大な数の「学生の名簿」だ。学生服を販売しているのだから、毎年、学生の名簿が、黙っていても入ってくる。名簿屋

実践会メソッドは正しかった：この研修教材DMのビフォアー・アフターについては、第１章であらためて詳しく紹介します。「お金をかけることなく最大限の効果を上げる」ダイレクト・レスポンス・マーケティングの真髄をご覧ください。

から買った名簿ではない。〝購入歴のある顧客〟の名簿だ。その反応率は、新規の名簿の何十倍にもなる。しかも毎年、新しい学生が入学する。自動的に新規客が注入されるわけである！

1万人世帯程度の名簿はあるだろう。この名簿に対して、通信販売を仕掛けたとする。1万のうち、もっとも優良な2割のお客にDMを出せばいい。２０００人もの既存顧客があれば、通販は初年度から黒字になる。３人くらいの社員で回して、1億円程度の年商が上がってもまったく不思議ではない。

「神田さんの実家は、学生服という特殊な商売で、うちは名簿がないからなぁ」と言うかもしれない。でも、そういうところに限って、整理されていないだけで、**実は、こっそりと名簿がたまっている**ことが多い。

まぁ、本当に名簿がないとしよう。しかし、あなたに名簿がなくても、地元の商店街に行けば、うちの実家のように、**名簿はあるがどうやって活用していいのか分からない会社**が山ほどあるのだ。そういう会社に行って、次のように話してみるといい。

「あなたの会社がDMをやる際に、うちの商品のパンフレットを1部入れさせてもらえませんか？　DM費用を半分負担いたします」

DMの費用が減って、喜ばない経営者はまずいない。ただ、単にパンフレットを入れるだけじゃ、あなたの信用がなければ反応率は低い。その反応率を最大限にするために、相手の経営者に、あなたの商品の紹介文を書いてもらえばいい。

実際には、紹介文を自分で書いて、相手にサインしてもらうようにする。

紹介文は、たとえば……。

「最近〇〇（商品）は収益や効率を優先するばかりに、なかなか本物に出会うことができません。しかし、先日、本当に素晴らしい商品に出会うことができました。そこで上得意客のあなた様に、いち早くお知らせしたく、お手紙申し上げました。（以下、商品説明）」

眠っている現金のソースは、名簿だけではない。ちなみに、私の実家の店舗は3店舗ある。1店舗は、バス停のまん前。あとの2店舗は駅ビルの中に入っている。バス停では、いつも人が並んでいる。暇そうにしている。夏は暑く、冬は寒い思いをしている。

これだけの〝痛み〟があれば、人を動かすのは簡単。彼らに待合室を用意してあげる。それで店に誘導できる。

そして、自社の名称を変える。「神田商会」という名前を「さいたま市民サポートセンター」に改称する。会社名を変えると、発想の枠が広げられる。市民サービスとして印象付けられるわけだから、扱える商材は無限大。つまり、フロントエンドは学生服。バックエンドは市民サービス（保険の手続き、こだわり食品・自然食品の販売、家庭教師斡旋《あっせん》などなど）。打出の小槌《こづち》とは、このことだ。

にもかかわらず、社員は、このままではつぶれると騒いでいた。つぶれないよ。そこにある現金に、手を差し伸べるだけでいいのだ。

現金を増やすために頭を使おう

それじゃ、あなたの会社で、その現金に手を伸ばすにはどうすればいいのか？

まずは社長が、半日、部屋にこもる。ホテルを使ってもいい。連絡先は社員に伝えない。部屋に入ったら鍵を閉める。携帯電話の電源を切る。いっさいの邪魔を拒否する。A3の白紙とペンを用意する。そして事業計画を練り直すのである。

頭脳労働は、肉体労働の5倍疲れる。

だから安易な道を選んで、どうでもいいくだらないことに時間をかける。会社にとって一番大事な、お客を集める仕事に時間をかけない。一生懸命仕事をしているように見えて、実は、頭を使っていないからラクなのである。

ほとんどの仕事はくだらない仕事だ。くだらない仕事を拒否しよう。そしてA3の白紙とペンを持って、会社から離れよう。それが見えない現金を換金するための作業である。

誰にもマネされないノウハウとは?

「せっかく学んだノウハウが広まったら、マネをするところが、出てきて困るんじゃないか」と不安を持つ人も出てくるかもしれない。

たしかに、同じノウハウが出回ると、ほかの大勢がマネをしそう。だが、その不安はどうだろうか。

そこで、ちょっと参考になる話をしよう。もちろん実話だ。

私は以前、新宿で飲んだあと、タクシーで帰ろうと思った。すると空車はいっぱいある。でも、あまりにもお客がいないから、タクシー乗り場のところに、50メートルくらい空車が列になっている。ということは、「50メートル先まで歩かなきゃ」と思ったわけ。まぁ、しぶしぶ歩きながら、横断歩道を渡ろうとした。すると、そこに都合よく、タクシーが止まっているじゃない。「ラッキー！」と思って、すぐに乗り込んだ。

そのタクシーの運転手さんと話していたら、彼はこの時代でも水揚げが毎日8～10万円は下らないと言う。普通、東京だと3～4万円くらいだ。あまりにもいい数字なので、運転手さんに聞いてみた。

私　「いや、すごいですね。8万ですか。いったい、どうしてそんなに？」

運転手「まぁ、運ですよ、運。でもね、運っていうのは、コツをつかむと向いてくるんですよ」

私　「と、いうと？　どういうことですか？」

運転手「たとえば、ここの交差点があるでしょう。これを直進するか、左折するか、っていう選択肢があるでしょう。ここで、左に行けば、長距離のお客さんがいるところを、直進したら、それだけで数千円、なくなっちゃうんですよ。その判断の仕方だよね」

私　「そういう判断は、どうしてできるの？」

運転手　「まぁ、パッと感じるわけですよ」
私　「さっきの横断歩道の場所も、パッと感じたわけ？」
運転手　「うん。でも、あの場所は、いつもよくお客さんが来る場所なんです」
私　「ほかの運転手さんは、あの場所を知らないの？」
運転手　「いや、**みんな知っているよ**」
私　「じゃ、どうしてほかの運転手さんは、同じ場所で待ってないんですかね」
運転手　「いい場所だからっていって、毎回成功するわけじゃないからね。頭、働かせないと。それよりは、1時間列に並んで、**みんなと同じことをしてたほうが安心するわけ**」
私　「それじゃ、運転手さんは、そこで頭を使ってるわけか」
運転手　「そうだよ。俺がここに止めたのは、ほんの30秒前だからね。それはさ、周りの人通りを見て感じるんだよね」
私　「あぁ、じゃ、さっきのパッと判断するっていうのは、周囲の人の状況、表情や服装を見て、タクシーに乗る客なのかどうなのか、判断するんですか？」
運転手　「まぁ、そう言われてみれば、そうだよな」

要するに、うまくいく場所は、みんな知っている。まず、やるかどうかで差がつく。しかも、場所を知っていても、そこで頭を使えるかどうかで、差が出るわけ。すると残念ながら、100人の運転手がいるとすれば、できる人はその1人くらいなわけでしょ。

そもそも、私の連載記事や教材、書籍を読んでいる方。それから私の講演を聞いている人は、合計何万人*にもなるわけ。しかし、そのほとんどが、「あぁ、そうなの」という段階で終わっている。

実際に講演のあとのアンケートを見ると、「自分の業界では使えない」「もっと具体的に話してほしい」という人も多かった。それでアクションを取って、実践会に加入する人は、1%にも全然、届かない。だから**トップ1%だけが、どんどん1人勝ち**をしていくわけ。

もちろん、成功した会社のノウハウをマネしてくる人は出てくるだろう。でもその場合、最初に成功した会社は、さらに、その上をいっているはずだ。だから、私としては、ノウハウが知られたからといって、あまり心配することはないと思う。

合計何万人：神田昌典の著書の累計発行部数は200万部を超える。「あぁ、そうなの」で終わらなかった人たちの中には、誰もが知る有名企業の経営者、ベストセラー作家がゴロゴロ。

第1章

感情マーケティングの基本概念を紹介！

「小さな会社が、工夫（マーケティング力）によって、大企業に勝つ」
神田昌典と実践会のメソッドは、
そんなエキサイティングなものばかり。
本章では、多くの中小企業が影響を受け、
実践し結果を残したダイレクト・マーケティングの
基本的な考え方について書かれた記事を集めました。

メリット・デメリットを思い切り見せてやれ

「今、買わないと損をする」と伝える

私がやられたと思った企画をご紹介しよう。

1999年1月、東急百貨店の日本橋店が閉店。白木屋として1662年（寛文2年）に創業してから336年もの歴史に幕を閉じた。そのときの閉店セールは歴史に残る盛り上がりを見せた。まず、東急日本橋店の閉店セールに関する新聞記事をご覧いただきたい。

「通常の閉店セールでは、こんなに売れないのに、どうして東急日本橋店の場合は、爆発的に売れたのでしょうか？」

……こんな質問を講演で受ける。当然、何百年の歴史を持つお店が閉店になるということで「ノスタルジアが喚起されて買いたくなった」という解釈もできるが、この売れた秘《ひ》訣《けつ》は、実に単純な話だと私は思う。新聞にも書いてあるように、**「今、買わないと損をする」**と、多くの人が感じたからだ。

ここであなたが知りたいのは「東急日本橋店の閉店セールは、なぜ売れたか？」ではなく、「どうすればうちのセールでも、売ることができるか？」だろう。つまり、「今、買わ

閉店間際まで買い物客でごった返した
東急百貨店日本橋店（1月31日午後）

東急日本橋店閉店セールの効果絶大

「今回限り」消費を刺激

百貨店売上高プラス

9ヵ月ぶり 東京地区1月

不振が続いていた東京地区の百貨店売上高が久々に前年実績を上回った。日本経済新聞社の集計によると一月の同地区百貨店売上高（十六社三十二店）は約千九百億円。前年同月に比べ四％強の増加で、昨年四月以来九カ月ぶりにプラスに転じた。一月末に閉鎖した東急百貨店日本橋店（東京・中央）が前年実績比七倍となり全体をかさ上げした。ただ同店を除いた売り上げは依然前年割れ。閉店セールのように、機会が限られた販促でないと消費者は反応しなくなっていることを示した。

前身の「白木屋」時代から数えて三百三十六年の歴史を閉じた東急日本橋店の一月の売り上げは前年同月より百四十二億円も多い百六十五億円。一店で地区全体の九％近くを占め、国内最大手クラスの百貨店一店分がまるまる上乗せされた格好。商品別の売り上げトップは宝石で昨年一月の四十四倍。続く絵画も同六十八倍。

最高七割引きのうたい文句に刺激され、日ごろ手を伸ばさないような高額品購入に踏み切った消費者も多かったようだ。

一方、東急百貨店日本橋店を除いた東京地区の売上高は同三％程度のマイナスとなった模様。東急日本橋店に最も近い高島屋東京店（東京・中央）の来店客数が二〇％も増え店頭の売り上げも四％増となったがそれ以外は前年割れの店舗が目立つ。東京地区以外も基調は改善していない。

百貨店で昨年四月以降、好調だったのは横浜地区が昨年十月、前年同月比一〇・六％増になった程度。この時貢献したのはプロ野球の横浜ベイスターズの三十八年ぶりの優勝セールで「次はいつあるかわからない」という消費者心理が、売り上げを後押しした。

スーパーでは昨年十一月に大手各社が「消費税分還元」を銘打ったセールを実施。前年同月の実績を上回ったが、第二弾、第三弾を始めた途端に消費刺激効果は薄れて十二月は一転前年割れ。「今買わないと損する」と感じなければ財布のひもは緩まないようだ。

1999年2月5日付「日本経済新聞」

ないと損をする」を、どのように演出すると効果的なのか……それをお伝えしたい。

そこで「今、買わないと損をする」という東急日本橋店のセールから、いくつか大事なポイントを引っぱっておこう。

第1に、東急日本橋店の閉店セールは、来店すること自体に価値があった。「今、買わないと損をする」というのは、何か特定の商品を買うことを想定したものではない。**「とにかく何でもいいから、このセールで買わないと損をする」**と、お店に出かけること自体が価値になっている。

言い換えれば、お客は**特定商品が欲しいから買い物に行ったわけではなく、〝何か買わなければ〟損をするから、セールに殺到した**のだ。

この心理を応用するにはどうすればよいだろうか？

多くのチラシでは、商品価格とそのメリットが書かれている。「商品メリット」を挙げる理由は、その商品を買ってもらいたいからだ。

ところが、セールスの順番を考えれば、まずチラシで行うべきことは、来店させることであって、商品を買わせることでないことが頻繁にある。とすれば、訴えるべきメリットというのは、「来店するメリット」。特定商品を買うことのメリットではない。

より一般化した言い方をすれば、**「次の行動をしてもらうためのメリット」**を述べることが広告宣伝では重要だ。「次の行動」がカタログを請求することであれば、「カタログを請求するメリット」を述べる。「商品を買うメリット」ではない。「次の行動」が営業マンに電話をすることであれば、「営業マンに電話をするメリット」を述べることが重要。商品を買うメリットを述べるのは、営業マンがすればいいことなのだ。

このように広告宣伝では、**「次の行動」と「その行動を起こすことのメリット」を一致させる**べきなのだ。

さらに重要なことは、「来店するメリット」を述べるだけでなく、**「来店しないデメリット」**を述べることだ。

一般的に言って、**人間は「新たなメリットを得る」ために行動するよりも、「現在あるデメリットを回避する」ために行動する動機のほうが強い。**

これは人間だけでなく、その他の動物でも同様。ちょっと考えてみれば明らかで、何かを得ることの喜びよりも、何かを失うことの悲しみのほうが大きいだろう。つまり、強い感情が動く。だから、「本来、あなたが得ているべきものが失われている」という面を強調すると、行動に向かわせやすくなる。

たとえば、「この学習法を知れば、成績は倍になる」という話よりは、「もっと成績が良くて当たり前なのに、この学習法を知らないために、本来の半分の成績しか得られない」という話のほうが、**より感情を揺り動かす**のだ。

また保険の場合でも、「この保険に加入すれば、これだけの節税効果がある」という話よりは、「本来であればこれだけの税金で済んだにもかかわらず、ほとんどの方は財務計画をしていないために大変な損をしている。その損から抜け出す第一歩は、この財務診断を受けることである」という話のほうがアポ取りをしやすくなる。

つまり多くの人は、**本来あるべき姿を回復するために、行動を起こす**。


東急日本橋店の場合は、来店しないことのデメリットが、非常に伝わりやすかった。なぜなら、何百年も続いた老舗《しにせ》の高級百貨店が幕を閉じるという**劇的な物語***があったから。そこで多くの人に、「このセールに行かなければ、バカ」と思わせるくらいの説得力を出すことができた。

ところが多くの会社には、そんな都合のいい物語はない。だから単に「今回限りだよ」とやっても説得力がなく、誰も信じない。では、どうすれば説得力を出していくことがで

劇的な物語：現在の日本経済下では、毎年「劇的な物語」が続いている。ということは、劇的に売上を上げる工夫がいくらでもできるということだ。

きるのか？

物語で説得力を出す

答えは「真実味のある証拠を見せる」ということだ。**つまり、真実味を出すために物語を使う。**たとえば典型的なパターンは、こんな感じ。

「社長の○○が間違えて二重発注してしまった。だから、そのままの価格で取っておいても、倉庫費用がかかるだけだから、思いっ切り値段を下げて売ってしまいたい」

「社長を説得して、今回限りは、好きにやってみろ！　と許可をもらった。だから、この価格は今回限りのテストであり、売れなかった場合には、残念ながら、もう一度、価格を戻さなければならない」

「実は計算を間違えてしまって、安い価格をチラシに付けすぎた。でも今から訂正するわけにはいかないから、今回限りは間違いの価格で販売します」

要するに、安売りをするからには、**安売りをする理由を正直に、ウソつかずに述べること。**それを述べる際には、物語で語ること。すると安売り自体が真実味を持ち始め、「買わないほうが損する」という説得力を与えることができる。

〝お客の頭の中〟を読む方法〜購買欲求をくすぐるために〜

「がっかりさせない」ことの強さ

私は以前、小阪裕司先生*のアメリカ視察ツアーに参加した（私もきちんと全額払って参加するんですよ）。ツアー参加にあたり、サラリーマンを辞めて以来、英語を使う機会がなくなってしまったので、「英会話学校にでも通おうかな」と思って私は社員に頼んで各種英会話学校から資料を取り寄せた。

その際、購買プロセスを客観的に見てみたら、面白いことが分かった。「よし英会話学校に通うぞ！」ということになって、電話帳を開いた。すると知っているところから、3社ほど資料請求しようと考える。A社、B社、C社の3つになった。

ちなみに、**電話帳広告に対する購買パターン**というのは決まっている。そもそも電話帳広告を見る人というのは、商品・サービスを購入することが前提。この例のように「英会話学校には通おう」と思っている。そこで「どこにしようか？」という段階で見るのが電話帳広告だ。

つまり、特定の商品・サービスを買うことは決まっているのだが、「どの会社から買お

小阪裕司先生：オラクルひと・しくみ研究所代表／情報学博士。神田昌典とは実践会設立当初からの盟友。「感性」と「行動」を軸にした独自のビジネスマネジメント理論を研究・開発。学術研究と現場実践を併せ持った活動には多くの熱狂的ファンが存在する。著書『「惚れるしくみ」がお店を変える！』『「お店」は変えずに「悦び」を変えろ！』（フォレスト出版刊）の併読がオススメ。

うかな」と最終決定段階に入っている。そこで電話帳を開き、多くの場合、大きい広告3社に電話をかけてみる。これが電話帳広告の反応パターンだ。

ところで、資料請求する会社に対して購買決定は、いつ・どこで行われていると思うだろうか？　請求した資料を見てから決める？　それとも資料を見てから、電話をして質問をするときに？　それとも資料を請求するときの電話の対応で？　うちの社員に資料請求をやってもらったんだけど、実は、そのときの「電話対応」でほぼ80％購買決定しているのだ。

「C社が一番対応がいいね。A社はダメ。B社もいまいち」

社員は、**それぞれ1分程度の電話でこういう判断をしている。**

C社とは、実は、イーオン。なぜイーオンがいいかと思ったかといえば、どんなニーズに顧客がのっているかを聞き出して、それに対応がよかったからだ。

「今回はどのようなご関心で、英会話学校を探されているんですか？」

「実はうちの社長が、英語をブラッシュアップしたいとのことで。できればプライベートレッスンがあればいいんですが……」

「それでしたら、浦和でプライベートレッスンをやっているのは、うちだけですよ」

このようにライバルの商品構成をよく勉強していた。そこでツボにはまって提案が出てくるので、グラッと気持ちが傾く。つまり**第一接触段階で購買が8割方決まってしまう**のだ。

他社はどういう対応をしているかといえば、「それでは、資料をお送りいたしますので、ご住所とお名前、お電話番号を教えてください。○月○日までは入学金が無料ですから、ぜひ、この機会にお申し込みをしてください」という、ごく普通の対応。

しかも駅の看板で、年中入学金無料キャンペーンをやっているのを知っているから、オファーの入学金無料はまったく生きないよね。しかし、次の段階でも、イーオンはがっかりさせない。

「されたらいいな」を、やる

3社同時に資料請求したが、速達で資料が送られてきたのは、イーオンだけ。その内容物は必要なものがすっきり入っている。パンフレット、価格表、クーポン券、そして……手書きの手紙（挨拶《あいさつ》文）が入っていたのが、イーオンだけ。他社は、ワープロ文書に、ボールペンで見込客（私）の名前を入れたものだった。

さらに割引クーポン券の有効期限が赤字で印刷されているもの（レスポンス・デバイス）

Heartful English
AEON

DATE

平成11年3月26日

株式会社 アルマック
ご担当 島村様

拝啓

時下ますます御清栄のこととおよろこび申し上げます。

この度は、御社の社長様が海外で培われた英会話力をさらにbrush upされたいとのことでイーオン浦和校にお問い合わせを頂きありがとうございました。早速資料を同封させていただきましたのでどうぞご覧下さいませ。

イーオン浦和校の特徴といたしましては、大きく以下の3つです。

① 担任制なので教師が選べる。担任教師に責任を持ってしっかりと指導してもらえる。
② レッスンの変更・キャンセルは前日夜9:00まで可能
③ 安心して学べる全外教加盟校（浦和駅周辺ではイーオンのみ）なので教師・テキストなどの質が高く、授業料もリーズナブル

また、3月31日まで春のキャンペーン実施中につき、通常25,000円の入学金を全額無料とさせて頂いております。この機会に是非ご利用下さいませ。

それではスタッフ一同社長様のご来校を心よりお待ち申し上げております。

敬具

イーオン浦和校
マネージャー 佐藤理絵

Body, Soul, and Language
U.S.A.・CANADA・AUSTRALIA・JAPAN

が同封されているのが、イーオンだけ。他社は、何も入っていない。

同じような英会話学校でもこれだけ差があるんだな……と思っていたら、最後にダメ押しの電話（アウトバウンド・コール）があった。これも、イーオンだけ。アウトバウンド・コールが迷惑になると考えて電話を渋る会社があるけど、購入を検討しているお客にとって、電話をもらうことは必ずしも迷惑ではない。とくに、手書きの手紙などで人間関係が形成されている場合には、ほとんど問題はない。

もちろん、私はイーオンに決めた。実は資料請求したあとに、「別に行かなくてもいいかな」なんて思っていたのだが、**対応の良さに惚《ほ》れて**、担当の女性の佐藤さんに電話をしてみた。

「資料を送っていただいた神田と申しますが、佐藤さんいらっしゃいますか？」と言ったら、電話を取った相手が佐藤さんだった。しかし佐藤さんは、はじめいったい誰だろうと考えている様子。そこで「会社で資料請求したのですが」と言ったら、「もしかしてアルマックの社長さんですか？」と言ってきた。

そして「社長さん自ら、お電話いただくなんて！」と**感激**している（これで自尊心をくすぐられた。正気に戻ったら入会することになっていた！）。あとで佐藤さんから話を聞いてみると、案の定、浦和では、イーオンはトップの生徒数。B社の約2倍の生徒数。

生徒数で2倍ということは、教室等の固定費はほとんど変わりようがないから、**固定費を回収したあとの利益では、3倍近く**あっても不思議ではない。

ポイントは、この3倍近くの利益の差が、実に小さな対応の差で決まっているという事実。あらためて、私は驚いた。

残念だったのは、この佐藤さんレベルの対応が、会社としてシステム化されていないようだったこと。

「本社で、こういう対応にしなさいという指摘はあるんですか？」と聞くと、「いえ、まったくありません」とのこと。「それじゃ、どうしてきめ細かな対応ができるんですか？」

と聞くと……。

「自分が生徒だったときに、こうして対応されるといいなと思ったことをやっているだけなんです」

深いよね。顧客満足の基本は、自分がお客だったら、何をされればうれしいか。これをリストアップする。するとほとんどの場合、20も挙げれば、アイデアがなくなっちゃうだろう。そして、アイデアに対して、実行する優先順位を振っていく。これだけで圧倒的な差をライバルとつけられる。さぁ、さっそく、やってみてください！

「言い訳＝オファー」を用意しろ

購買欲求を起こさせるためにとても重要なこと……それが「お客の頭の中を読む」ということだ。それではどうやったら、人の頭の中を読めるか？　実は、難しくないのです。説明しよう。

小阪裕司先生の取引先の相談で、札幌の眼鏡・時計屋さんを訪ねたときのこと。

この眼鏡屋さん、デパートの２階に仮設店舗を出している。でもなかなか売上が上がらない。そこで「どんな店舗のレイアウト、商材にすれば売れるようになるか」という悩みがあった。

実は、この店の前には巨大な１００円ショップがある。

さあ、あなただったら、どう活用します？

いったい、ここに来るお客は、何を考えているのだろうか？

人間の考える能力というのは限られていて、１つのときには、１つのことしか考えられない。すると、そのフロアに来る人のほとんどが「１００円均一のものを買おう」とだけ思って来ている。それしか頭にない。

こういうお客に対して、「時計全品20％オフ」「〇〇セール」というポップを出してみても全然意味がない。お客は、均一価格商品を探しに来ているからね。そこで、このお客の頭の中を考えてみれば、どういうオファーになるだろうか？　私が考えたのは、これだ。

「今なら５０００円以上お買い上げの方、５００円キャッシュバック!!　得したお金でどうぞ１００均ショップにお立ち寄りください」

こうすれば、「あれは、１００円ショップにあったかしら」と思って来店した人を、次のような思考に変えられる。

「そういえば、目覚まし時計が壊れていたから、そろそろ買い替えようか」

「そうそう、時計のバンドが切れていた」

「忘れていたけど、時計の電池を交換しなくちゃ」

つまり、今まで「面倒」「忙しい」との理由で、遠ざかっていた購買を行う言い訳がそこで生じた。こうして、お客の流れを１００円ショップからこの仮設店舗に向かわせることができる。**このように、お客の頭の中とオファーをリンクさせると、購買という行動**につながるのだ。

「お客の頭の中を考える」

これは小売店が人の流れを読むときと同様、チラシ、広告宣伝、DMの作成、また実際のセールストークでもきわめて重要だ。お客の頭の中を考えるにあたっては、自分自身にこんな質問をしてみよう。

1. お客はどうしてここに集まっているのか？　何を探しているのか？
2. お客が嫌っていることは何か？
3. どうして嫌っているのか？
4. お客は、何に悩んでいるのか？
5. どうして悩んでいるのか？
6. お客が恐れていることは何か？
7. どうして恐れているのか？

なぜ「嫌い」「悩み」「恐れ」等が重要になるかといえば、人の痛みを理解することで、お客に共感してあげられるから。

「お客の頭の中を考える」ことは、**き・わ・め・て・重・要！**

「エモーショナル」に訴えかける

感情を揺さぶれ

以前紹介した、（編集部注・プロローグ参照）技術者向けの研修教材を販売するＤＭ……そう、従来の6倍の売上を実現させ、実践会のメソッドの正しさを証明してみせたＤＭだ。

とにかく、みなさんが興味を持つのは、「なぜ6倍になるか？」っていうところだろう。

それではまず、65ページの今までのパターンのＤＭを読んでみていただきたい。

何を売っているのか、お分かりになるだろうか？

正直のところ、私も当初、お話を聞いたときに、いったいどんな商品だか、よく分からなかった。なんか、いっぱいアルファベットが並んでいるなという感じ。文章が悪いんじゃなくて、要するに、商品が難しすぎて、素人の私にはチンプンカンプン。実際に、6倍の売上を上げたＤＭを書いた時点でも、何を売っているのか分かっていなかった。

ということは、**商品知識と売上は関連しない**ことが分かる。

それに「商品知識で販売しよう」と思ったら、とても売れなかったと思う。そもそも素人なわけだから、にわか勉強をしても、こりゃ、バレるって。

では、あなただったら、これをどうやって〝売れるように〟書き直すだろうか？

まず、「どうしてこれでは売れないのか」を考えていただきたい。このＤＭも、商品を説明するという面では、かなりイイ。論理としては、研修教材を販売するためには、まず資格の重要性を売る。そして資格を取るために、いかにムダが多かったかという**問題を提示する。**さらに**問題を深く掘り下げる。**最後に**解決策を提示する。**

本来は、これで売れるはずだ。しかし、さらに売ろうとするのであればどうするか？

私はこの会社から高い料金を取って、コンサルタントとしてお手伝いした。そうなれば、「売れるはずなんですが、売上が上がりませんでした、残念でした、さようなら」というわけにはいかない。つまり、何が何でも反応を上げなければならない。

で、何が何でも売上を上げるために、第一に達成しなければならないことがあった。

「どうやって、相手のバランスを崩すか」っていうこと。

どういうことかっていうと、封筒を開いてもらったときの、「あぁ、研修教材の売り込

雑誌Bのお得意様限定！
特別ご案内

生産性向上のためのIT（情報技術）のはずが、
その教育・研修となると非生産的に
なってしまいがちなのは、なぜでしょう？
コストと効率の両面で納得のいく
解決策が、ここにあります！

◆◆◆

今回ご案内を差し上げた雑誌Bのお得意様だけに、
特別ご優待価格でご提供いたします。

キャンペーン有効期限：9月30日

拝啓
時下ますますご健勝のこととお慶び申し上げます。
平素は「雑誌B」をご愛読いただきまして、誠にありがとうございます。
弊社では、ますますデジタル化が進むビジネスに対応する様々な最新情報をタイムリーにお届けしておりますが、今回も貴社の事業のさらなる飛躍に欠かせない情報を優先してお届けいたします。

さて、本格的な高度情報化社会を迎えた今、ビジネスの現場では溢れるほどの情報を効率よく選別し、活用していくことが最も重要な課題となっています。ますます競争が激化する業界で勝ち残るためには、情報技術戦略の充実は避けて通ることができません。インターネットの加速度的な普及を見るまでもなく、IT（情報技術）こそが、あらゆる業種・業態を超えて企業の命運を左右するキャスティングボートを握っているのです。
そこで弊社では、ITエンジニアの育成、製品開発、生産性の向上を実現するIT（情報技術）を推進するにあたって、不可欠な教育・研修をより充実したものにするIT学習教材を取りそろえ、ここにご紹介いたします。今回ご案内する「ITスタディ・エディション」シリーズは、すでに数多くの企業で採用されていることからも、その学習効果の高さが証明されています。
ご参考として、すでに採用されている企業では、それらをどのように活用されているのかを一部ここに紹介いたします。

『社員研修に利用しようと思い、「ITスタディ・エディション」シリーズを購入しました。これまでは、研修セミナーを独自に開催するとなると、全員の（以下略）

みかぁ」という反応を避けたいわけ。

その代わりに、どういった反応が欲しいかっていうと、**「なんじゃ、この手紙は？？？」**という反応が欲しいわけ。

「なんじゃ、この手紙は？？？」と感情のバランスが崩れると、相手は、そのバランスを取り戻さないわけにはいかない。

どうすれば、バランスは取り戻すことができるのだろうか？

そう。読み続けて、「なんじゃ、この手紙は？？？」の〝答え〟を見つけずにはいられなくすればいいわけだ。

このへん、テレビ*は実にうまくやっている。というのは、バラエティ番組を見ると、CMの前に、必ず「このあと、驚愕《きょうがく》の事実が発覚！」とやる。それが、もうパターン化している。そして、「こりゃ、CMのあともチャンネルを変えさせない手だな」と分かっていても、驚愕の事実を知りたくなるよね。

そして驚愕の事実を知って、「そろそろテレビを消して、仕事しないとな」と思って、リモコンに手を伸ばそうとすると、また「このあと事態が急展開。彼女が知らなかった過去とは？」なんて始まるから、どんどん見続けてしまうという仕組みなのである。

テレビ：2014年現在、テレビ業界人が著者となるビジネス書も数多く出版されている。インターネット全盛でテレビ離れ……とは言われても、やはりテレビの影響力は大きい。

このように、相手のバランスを崩すというのは、きわめて有効なテクニック。どうやるかっていうと、「相手が予期していないことをやる」のだ。

なんで「今、買う」必要があるの？

このDMの最大の問題点は「資格を取ることが重要だ」という点を説得するのが大変だったこと。

たとえば、CPA（米国公認会計士）の資格を取ろうと思っている人に対して「CPAを取ることは、これから重要だ。だからこの教材を買いましょう」というのであれば、説得力がある。しかし、CPAを取ろうと思っている人に対して、「これからは資格っていうのは、重要だよね。だから、MBA、CPA、中小企業診断士といった資格取得の教材を買いましょう」って言っても、説得力に欠ける。

つまり総花的になってしまっていて、「今、購入する必要はないな」と購買までいたらない。この仮説が正しいとすると、「資格の重要性を売る」というアプローチを、もうちょっと工夫できるんじゃないだろうか？

実はこの研修教材の販促、3月は反応が比較的良かった。しかし、7月にやったときには、反応が悪かった。4割ダウンになっている。

すると、まず何をチェックします？

リストは同じ、商品は同じ、そして価格も同じ。ところが、反応が4割ダウンになってしまっている。考えられるのは……そう。**季節変動***ですよね。

問題は、この研修教材は季節変動する商品なのかどうか？　ということ。

そこで、購入者のアンケートを見てみる。顧客がどういう理由で購入しているかというと、「新入社員教育のため」っていうところに、○をしてあるケースが比較的多い印象を受けた。

あくまでも印象としか言いようがないのは、アンケートのサンプル数が少ないからなんだけど。ただ、新入社員研修に使う教材だという仮説が正しいなら、当然、3月には、買うけど（予算消化する必要もあるし）、7月には買わない。

こりゃ、売る季節が間違っている。夏の暑い盛りに、毛皮を売るようなもんじゃないですか。この仮説が正しいとすると、4割ダウンっていうのは、十分考えられます。すると今度は、どうすれば夏の暑い盛りに、毛皮が売れるアプローチを取れるかっていうことです。

季節変動：1年間を通してみると、ものが売れる時期、売れない時期がある……ということ。「ニッパチ（2月、8月）は売れない」「年末はかき入れ時」など。

この工夫が売上を6倍にした！

感情を揺さぶり、かつ「今、買わなきゃ」を喚起

さぁ、それでは、いったいどうすれば、売れるのだろうか？

「6倍の売上のDM」とはどんなものか？　あなたも考えてみてほしい。

「どうやって〝相手が予期しないこと〟をやるか」

「どうやって〝夏に毛皮を売る〟ようなことをやるか」

結局でき上がったのが、次ページのDMだ。

何が違うか、お分かりいただけるだろうか？

まずは見出し。

「景気は本当に回復したのでしょうか？　それとも……」というアプローチ。このようなアプローチを取れば、資格の重要性を売る必要がなくなるわけだ。

研修教材の会社からきたDMなのに、景気について聞かれている……相手が予期しないアプローチで、「感情のバランスを崩す」ことに成功した。

景気は本当に回復に向かっているのでしょうか？
それとも……

お願いがありまして、お手紙させていただきました。

早速ですが、テスト販売にご協力願いたいのです。
もちろん、責任ある立場にいらっしゃるあなた様の貴重なお時間をいただくのですから、相当のメリットはご提供したいと思います。

実は、ここだけの話ですが、今まで順調に伸びてきたIT技術者向け研修教材が、ここ数ヶ月ぱったりと売れなくなりました。前回行いました結果に比較して、売上が約4割もダウンしております。景気が回復しているとのニュースが流れるなか、逆行する結果ですので、私どもも心配しております。

社内では、「景気回復など幻ではないのか」「十分、商品の良さを伝えられなかったのではないか」「価格の割引率が低すぎたのではないか」等々、侃々諤々《かんかんがくがく》、さまざまな意見が出されました。また急きょ、弊社の一部のお客様を対象にアンケートまでとったのですが、それでも結論が出ません。そこで、9月30日までの20日間に限定し、テスト販売をしてみようという結論になりました。

テストの目的は、今まで以上の価格メリットを出すことによって、販売数量がどれだけ伸びるのか、データに基づいて判断することです。あくまでもテストですから、9月30日までに販売数量が伸びなければ、このテスト販売は中止になり、価格も以前の水準に戻されます。このテスト価格は再び繰り返されることはありません。

テスト価格と致しましては、次の思い切った価格を設定いたしました。

IT学習教材「ITスタディ・エディション」シリーズを、9月30日までにご注文いただけた場合に限りまして、

3コースパックの場合、通常価格174,000円を140,000円（税別）とさせていただきます。
つまり、今なら**34,000円**の経費を削減することができます。

2コースパックの場合、通常価格116,000円を100,000円（税別）と（以下略）

「夏にも毛皮を販売する」にはどうすればいいか。これは言い換えると、「今、買わないと、損する」というのを、**どうやってリアリティを持って伝えるか**ということ。「いずれ買うもんだから、今買っておかないと損」ということを強調するわけだ。

そこで「価格テストを行っています」というアプローチを取った。「これは価格テストだから、これで売れなければ、また値上がりします」という内容。そのために、わざわざ景気回復を持ち出してきたわけ。

まぁ、この例を見ると、技術者向け研修教材を販売する場合も、毛皮を販売する場合も、根本は同じじっていうこと。法人向けマーケティングっていうのは、かなり消費者向けのマーケティングから、ヒントを受けることがあるよね。

こうして解説してしまうと、なんか作ったみたいな話だけど、DMに書かれている話、すなわち、「なんで販売が4割も下がったのか、価格が高いんじゃないかと社内で議論した」っていう話は、まったく本当の話であって、いっさいウソはない。

不思議なことに、売るときの悩みを語ったほうが、商品説明をするよりも売れる。しかも6倍も！！！

「買わないお客」も買っていた？

この販売実験で、面白いと思ったことが、もう1つある。

リスト別の売上の結果なんだけど、通常のアプローチを取ったDMは、「注文がゼロ」というリストも存在する。しかし、この実践会メソッドを使うと、その同じ悪いリストでも、17件売れているのだ！

これって、どういうこと？

本来、買うはずじゃなかったお客でさえ、買っているということ。東急日本橋店が閉店になると、信じられないくらいのお客が集まった。そして普段は、買わない高い絵をいっぱい買っていった。お客は「買うと得する」じゃなくて、「買わないと損する」と思っちゃったから、殺到したのだ。

このDMも、東急日本橋店と同じこと。「今、買わないと損する」という緊急性をどう真実味を持って伝えるか。それができると、本来、買う必要がなかったお客まで、買うようになる。

まぁ、これだけ精緻《せいち》なテストをやってくれる会社はなかなかないので、通常の方法に比べて、実践会メソッドというのは、どれだけの差が出てくるのか分からなかったけど、これは明白な結果が出た、大変、貴重な事例だったのだ。

ダイレクト・マーケティングのタイミングのドアが開くとき

２０００年に起きたＡ乳業の集団食中毒事件は、誰もが関心を持つ事項だった。このように、人の関心が一点に集中するときは、広告・チラシの反応を得るには、またとないタイミング。

Ａ事件のように世間を揺るがす大きな事件があったときは、その不安を和らげるようにＤＭやチラシを配れば、反応はすごくアップする。

林真須美の保険金詐欺事件が話題になっていたときは、通常は保険のことをほとんど考えない消費者が保険のことを考え出した。すると、保険の話に対するお客の食いつきが違う。それをより深く知ってもらう機会にすることは十分可能なはず。

このように世間を揺るがす大きな話題は、うまく活用したほうがいい。

8月
無料試飲会

8月5・6日（土曜・日曜日）
AM9：00 ～ PM6：00
株式会社○○○○

食中毒の予防にはお茶が一番

会員様特別企画

野草十種の効果・減肥茶を
3袋お買い上げごとに
1袋無料進呈

水出し煎茶を
3袋お買い上げごとに
1袋無料進呈

ぐりーんティーを
3袋お買い上げごとに
1袋無料進呈

「お茶を飲みながら食事をすれば食中毒は防げる」という話が昔からあります。

お茶の中の成分カテキンには、菌を殺す強い力があり、社会問題になっている病原性大腸菌O-157や腸炎ビブリオにも有効なんです。こんな大変な世の中にあって、B社として何かできないかスタッフ一同、考えに考えました。その結果、夏のお茶、**水出し煎茶、ぐりーんティー**、体毒の排出を特長に持つどくだみをはじめ、野草十種をほどよくブレンドした**野草十種の効果・減肥茶**をこの夏に飲んでいただければと考えたのです。また、すこしでも安く提供できないかと考えに考え……**水出し煎茶、ぐりーんティー、野草十種の効果・減肥茶**の各商品3袋お買い上げごとに**1袋無料進呈**させていただきます。どうぞこの機会にまとめてお買い上げいただき、食中毒から家族の身を守り、暑い夏を乗り切りましょう。また、お友達もご一緒にお越しください。あなたの大事なお友達も3名様までご一緒にサービスさせていただきます。(以下略)

あるお茶屋さんは、食中毒が集団発生した話題を無料試飲会の集客の見出しに活用し、前ページのようなチラシを作成した。

工場の脱臭や衛生機器を販売している会社は、「食中毒を教訓に！」と見出しで活用。

さらにある小売店さんは、殺菌剤のサンプル進呈DMに活用して法人に売り込んだ。

いずれも具体的データの報告はない。お茶屋さんは、残念ながら反応はいまいちとのことだった。

お茶としては、やはりおいしさを全面に打ち出さないと、ダメなのか？　それとも、きわめて暑かったわりには、普段より若干集客が下がっただけなので、よしとするか？　その辺で評価が分かれていた。

殺菌剤および工場の脱臭装置の場合は、反応が良かったらしい。つまり、衛生と直接関連ある商品を売り込む場合には、反応が良くなるようだ。

しかし、「そうか、食中毒の不安を和らげればいいのか。じゃ、俺も今からやろう」と考えたら、もう遅い。なぜかといえば、もうタイミングをはずしているから。

タイミングのドアが開く瞬間というのは、ほんの一瞬。そのドアが開いた瞬間に、ワァーッと行動しなけりゃならない。このタイミングというのは、非常に重要。適切なメッセージを伝えたときに、まったく抵抗なく反応は起こる。このタイミングをはずすと、急激な反応率の低下につながる。

狙う商品は「バカが売っても、儲かる商品」

私が「こりゃ売れるよね」と判断するのは、どんな商品か？

ひと言で言えば、「何も工夫をしていない」「何も考えていない」と思われるにもかかわらず、お客が集まっている商品である。「こりゃ、考え抜いたよね」と思われる、賢い方法（チラシや広告）で売れている商品には、あまり興味はない。

逆に、バカでも売れている商品に興味がある。金持ち商人は、バカでも売れる商品を手がける。貧乏商人は、「こりゃ、ライバル商品より安い、ライバル商品より性能がいい。きっと売れるだろう」と勝手に1人で興奮する。これが金持ちと貧乏の違いである。

そういった観点から判断すると、次ページのチラシを作成した靴屋さんは、金持ち商人の道を進んでいると言えよう。

開店

開店セール
3月28日（水）～
4月1日（日）

外反母趾、扁平足など足の障害を真剣に考えてお創りする靴です。

●○○県初の**本格的オーダーシューズ専門店**です。

●**外反母趾、扁平足**などでお悩みの方は、これまで先太の矯正靴に近い靴で我慢されていたと思いますが、当店のオーダーシューズは**障害対応とおしゃれ**を両立した21世紀型の新しいオーダーシューズです。

●もちろん健康な方向けの**ファッショナブル**なシューズもたくさん取りそろえています。パンプスからブーツまで幅広い品ぞろえ、また写真やお預かりサンプルから作製することもできます。世界に2つとない貴方だけの一足をお創りいたします。

●当店のオーダーシューズは全品**トルマリン中敷き**入り。トルマリンは遠赤外線効果とマイナスイオン効果により血行促進、疲労回復、除菌効果があるといわれています。健康を本気で考えたオーダーシューズです。

●足と健康、おしゃれのプロフェッショナル、**シューズアドバイザー**が貴方の足を最新の**フットビジョン**でチェック（無料）、貴方のカルテを作成し、貴方の足型を測定、ジャストフィットの一足をお創りいたします。

●**メンズオーダーシューズ**もそろえています。既製の靴に物足りない方、自分だけのおしゃれを楽しみたい方、ご相談ください。

●シューズと**コーディネート**できるバッグやサイフなども取りそろえています。貴方のセンスを120％表現してください。

お土産進呈
期間中にご来店の方全員にプレゼント
健康ツボ押し「踏む太郎」

靴工房○○○○
年中無休10：30～19：30

正直、このチラシは、何の工夫もされていない。1色だから、金もかからない。何の工夫もされていないにもかかわらず、お客が集まって、売上が上がる。小さい声で教えてくれているが、3万枚のチラシ配布で、180万円の売上が上がっている。きわめて高い集客率と、きわめて高い成約率を確保している。

さらに、購買リピート性もそこそこいいだろう。フォーマルやカジュアルのときなど、1人で何足も買うだろう。足の状態が良くなるにつれて、靴の形状も変わるから、定期的に新調することになる。しゃべって恥ずかしい話題でもないので、口コミも広がりやすい。するとと、見込客を集めるのも、成約するのも、リピート購買させるのもカンタンという、バカでも儲かる商品の条件を満たしている。

今後、ライバルがこの市場に参入するにつれ、どんどん値段が下がってくるから、オイシイ思いが永遠に続くとは言えないが、今の時点では、こっそり稼ぐことができるんじゃないだろうか。

足裏マッサージ店が増えてきたことや、高齢化社会で健康に興味を持つ人が増えてきたことから、オーダーメイドの靴は、今後もまだまだ伸びるだろう。

記憶喪失になっても思い出したいマーケティングの7原則

「私が記憶喪失になった場合、それでも覚えていたい知識は、いったい何なのか？」

……このような究極の質問をすれば、本当に重要なことを、あなたに伝えられるだろう。

私の究極の答えは、次の7つである。

その1　緊急性

そう。緊急性である。何と言っても、これが一番の行動の源泉となる。

緊急……言葉ひとつで、人を動かせる魔法の言葉でもある。

その定石は……。


「緊急案内、〇〇で〇〇の方！」


という表現で書き始める。

緊急という言葉を、どうして私が重視するかといえば、緊急と言ったとたんに、いったい何が緊急なのか、誰にとって緊急なのか、なぜ緊急なのかというマーケティング上、きわめて重要な作業を考慮しなければならないからである。

さらに……緊急なのだから、凝ったデザインにすると、かえって逆効果となる。
だから、シンプルな手書きデザインでもいけてしまうのである。

もっと説明すると、「緊急案内、○○で○○の方」という部分は、絞り込みの原則である。絞り込みというのは、**顧客対象の特長を2つ以上述べる**ところから発生する。

たとえば、「60代の方に緊急案内」だけでは、弱い。絞り込むときは、たとえば、①「遠近両用メガネをお使いの」、②「60代の方に、緊急案内」としなければならない。こうすると、一挙に具体的になる。

そして、緊急〝案内〟というからには、いったい何を案内するのか……。

このように自分に質問することによって、読み手にとってメリットになることを案内しなければならないように自分を追い込む。

たとえば、「ご優待価格で、サービスもしくは商品が購入できる」「サンプルで何かがもらえる」といったメリットである。そのようにすれば、あとは極端な話、「今すぐお電話を」という行動への呼びかけで済んでしまう。

これが正直のところ、**現存する、もっとも簡単、かつ強力な集客方法**である。

その2　限定

どんなに優れたチラシ、広告表現であっても、限定なしには、お客は動かない。限定には、数量限定と期間限定がある。どちらかといえば、期間限定の場合は、期限が短い場合に使う。人の関心が21日周期で働くことを考えると、締め切りは1カ月では長すぎる。「まだ1カ月あるから」と、行動が先延ばしになる。そこで、限定期間は長くても3週間程度になる。

期間限定には、「その期間を超えると、反応が減る」という危険性がある。そこで、どちらかといえば、数量限定のほうが安全策となる。

数量限定の場合は、それをいかに真実味を持って伝えるか、ということがポイント。ただ、真実味を演出するためには、非常に微妙な文章のニュアンスで済んでしまう。

この間、カタログの無料配布の広告があった。通販カタログなのだが、通常なら、とてもじゃないが、カタログなんてものを「限定品」にするわけにはいかない。「カタログはなくなるはずがない」と消費者は思っているからである。

しかし、〝カタログ〟といった場合には「売り込みの道具だからいつでもある」と思われるが、それを〝ガイドブック〟と言い換えたとたん、限定が意味を持ってくる。さらに、次のような表現をさりげなく付け加えることにより、真実味が出てくる。

【お詫《わ》び】今期限定ガイドブックは今期限定となりますので、部数限定です。印刷部数がなくなり次第、配布中止となりますので、あらかじめご了承ください。

教育ビジネスであれば、限定に真実味を持たせるためにはどうするかといえば、残席数をチラシ上に記入することになる。

新幹線のチケットを購入することを思い出してほしい。目の前に残席状況を示すディスプレイがあって、そこに△の印が書いてあれば、あせって購入することになるだろう。◯は十分席がある、△はもうあとわずか、×はもう販売終了というメッセージである。

だから、チラシ上に残席情報を掲載すると、電話をかけてくる人の反応がまったく違ってくる。

大切なのは、ウソをつかないこと。お客は簡単にウソを見破るから。あくまで真実があった場合に、それを伝えることで効果が上がるのだ。

このように**人間は単純な連想によって動いている。**その連想を活用すると集客が良くなるわけである。

その3　ファクス*

ファクスを活用すれば、売上が簡単に上がる。この事実も、私は、記憶喪失になっても覚えていたい。ちなみに、私の会社の売上のほとんどはファクスなのだ。もちろん、ファクスでなくても、インターネットでもいい。正直のところ、インターネットはやり方を知れば超効果的である。ところが、そのやり方を知らないから、多くの人は冷やかし客しか集まらない。

ファクスの場合は、電話線をつなぐだけで、キャッシュマシーンに変身する。ファクス会員を募集しておけば、ファクスを送った瞬間から3日間以内に儲かるわけである。これは実に重要な知識でありながら、ほとんど活用されていない。

ファクスで、お買い得情報を流す。それを売上が落ち込む、月中にやってみる。それだけで売上を簡単に上げられる。ファクスを100％活用する。

その4　指を動かせる

お客の手を動かせると、売上が上がる。

たとえば、テレビを買う場合には、テレビのスイッチを何個か押してから買う確率がきわめて高い。野菜を買うときには、いくつか触ってみてから、カゴに入れる。

ファクス：12年以上も前の記述だから、多くの人は「ファクスなんて古すぎる！」と思うだろう。しかし、通信費が下がったため、法人営業ではファクスは今でも予想外に有効だ。

この触ってから……**指を動かしてから購入する***という人間の本能は、どこでも変わらない。つまり、売上というのは、お客が〝静〟のときには、上がらない。お客の身体を動かして、〝動〟にすることで、売上が上がる。

もちろん、売るための切り口は重要である。その切り口をお客に伝わるように言葉を選択する。しかし、それでも反応が上がらなかったらどうするか？　その場合には……手を動かさせる、のだ。

以前、実践会のゴールド会員向けに、インターネットセミナーのＤＭを郵送したが、私がこのＤＭにどのような工夫をしたか、というと……アメリカから輸入した薄いボールペンを申込書に貼り付けた。これで、開封率を高めると同時に、申込書への記入率が高くなるからである。この工夫は、もう一歩反応を上げたいときにやれば、確実に反応が上がる。

しかし、ボールペンを封入すると、必ずこういう質問をしてくる人がいる。

「ボールペンを付けるのに、いくらかかるのですか？」

「価格は1本50円します」と答えると、「それじゃ、とてもペイできないですね」と言われる。

これだから、知識のあるものが救われるのである。

なぜなら、たとえば、80円の郵送費が、ボールペンを入れた結果、１２０円になったとする。反応率がそれで１％か、１・５％に上がったらどうなるか？　80円の場合は、

指を動かして：ネットの場合、バナー広告上にカーソルをもっていくと、さらに詳しい情報が見られる工夫をすることがある。こうすることによって、興味ある客が広告をクリックする率が高まる。しかし、商品申し込み等の最終ステップでは、できるだけ簡略なステップを用意すること。「買う気になったお客には、迅速・簡単なプロセス」が原則だ。

８０００円の顧客獲得コスト。１２０円の場合も、８０００円である。

「だったら、変わらないじゃないの？」

と言われるかも知れない。しかし１２０円の場合は、反応率が1・5％になったのだから、獲得する顧客数は多くなるのである。ライフタイムバリューを考えれば、コンマ5％の差はきわめて大きい。しかも、実際には反応率が1・5％どころか、もっと増えることが多いのである。


この方法は、ボールペンに限る必要はない。〝立体物〟を入れればいい。これをランピーメールという。ＤＭに立体物を同封したり、手紙の上に添付したりするのだ。

たとえば、虫メガネを付けて、「この虫眼鏡を使って、詳しく吟味してください」という書き出しでＤＭが始まる。

紅茶のティーバッグを添付して、「○○でお悩みの方、まずはリラックスしてください」という見出しで始まって、まずは紅茶を飲んでリラックス、そして次は我々のサービスをじっくりご検討ください……というパターンのＤＭになっている……なんてのもある。

私も以前、清掃会社のＤＭを書いたときに、ステンレスの板を四角に切って、手紙に貼り付けた。見出しは、「私に30分ください。あなたの事務所を、この鏡のようにピカピカにいたします」というものだった。

自信ありのDMだったが、やる前に却下された。社長の「これじゃ、営業マンの営業能力が伸びない」というひと言でね。とほほ……。

その5　思い切った保証

保証を付けなくては、ダメだと繰り返し言っても、ほとんどの会社は、保証を付けることをしない。ビビるわけである。しかし、ワイン屋さんだってラーメン屋さんだって、「おいしくなければ、代金はいただきません」と言って、返金依頼があったのは、どのくらいかといえば、いないのである。

保証のポイントは、思い切って保証をするということである。中途半端な保証は、まったく意味がない。本当に思い切った保証だけが、売上を上げることになる。なぜ保証がうまくいくかといえば、それは、次のようなセールスの公式があるからである。

セールスの公式：GP1＋GP2＋RR＝ライバルを圧倒する売上

GP1は、グッドプロダクト（Good Product）。すなわち、いい商品。GP2は、グッドプロスペクト（Good Prospect）。すなわち、いい見込客。そして、ＲＲはリスクリバーサル（Risk Reversal）。危険転化ということである。

売上を上げるためには、いい商品といい見込客がいなければ話にならない。それに加えて、リスクを回避させる必要がある。

たとえば、馬を販売する会社が２社あったとしよう。

Ａ社は、素晴らしい馬を次のように売っている。

「いや～、これは素晴らしい馬です。本当に速く走ります。価格は１０００万円です」

それに対して、Ｂ社は、同じくらい素晴らしい馬を、次のように売っている。

「いや～、これは素晴らしい馬です。価格は１１００万円です。本当に速く走ります。しかし、本当に素晴らしい馬でも、骨折したら意味がありませんよね。ですから、この馬が本当にいい馬であり、故障をすることがないことをご納得のうえ、お買い上げいただきたいので、３日間自由にお乗りください。お買い上げは、その後、１００％ご納得してからでけっこうです」

あなたは、どちらの馬を買うだろうか？

そう。100万円くらいの差は、何ともないのだ。リスクリバーサル。つまり、リスクをお客の側から自分の側に移してやる。これが保証である。

思い切った保証は、商品に自信があるところはやらない手はない。にもかかわらず、返品されたらどうしようという恐れが出てくる。*私くらいの保証を付けているコンサルティング会社があるかというと、ちょっと見当たらないだろう。だから、ウチだけ儲かっているわけである。

返品されるのは、正直、気持ちが良くない。しかし、お客が集まってこないのは、もっと気持ちが良くない。それに、返品率が4%を超えるようであれば、それは商品に致命的な問題があるということだ。そんな商品は、付き合っているだけ、時間のムダだ。

ということは、ほぼ保証を付けたことによっても、生じた価格アップによっても、吸収されてしまう程度の問題なのである。

思い切った行動が取れない会社は、成功しない。根本的な原因は、**失敗するのが怖いのではなく、成功するのも怖い**ということなのだ。変化を怖がっていては何も起こるはずがない。

私くらいの保証：独立当初、まだ実績が少なかった頃には、マーケティングでの反応率が悪かった場合、コンサルティング料金を全額返金、ほとんどの教材に満足度保証（満足いかない場合は60日以内に返品→返金）等、多くの返金保証を実施していた。

その6　明確な指示

ほとんどの人間は脳を使わない。毎日決まったルーティーンを繰り返しているだけで一生が終わる。

だから、人を動かすのは、簡単なことである。大抵の人間は、指示されることを待っている。だったら、明確な指示をしたとたん、自分の思う通りに動かすことができる。

実践会会員の北九州のひもの店・「じじや」さんが、店頭に面白い看板を出した。「この店には、『ほお〜、じじやか、面白い名前だのう』と言ってから、店に入ること」という内容である。すると、多くのお客が本当に、「ほお〜、じじやか、面白い名前だのう」と言って入って来たという。

それだけ**人は何も考えていない**のである。たとえば「電話を1本かける」という行動を取るのにも、「今すぐ電話を」というコピーがないと動けないのである。

これは重要なことだ。すぐに、自分の広告の電話番号の前に〝アクション〟を呼びかける言葉があるかどうかを確認してほしい。

「今すぐ……」という表現をしたとたん、それに続く具体的な行動を指示しなければならなくなる。電話をしてもらいたいのか？　顧客サポート担当から説明が欲しいのか？　来店してほしいのか？　その辺を売る側が明確にしていく必要があるのだ。

来店してほしいのなら、地図を入れなければならない。要するに、お客が場所を知っていたとしても、地図が必要なのである。それは統計上、明らか。誰もが知っている場所の地図を入れると、さらに多くの人がそこに足を向けるのである。にもかかわらず、多くの会社は、努力を惜しんで分かりきったことをやらないのだ。

その7　お客様の声

さて、最後の原則。これは「お客様の声」だが、これについては実践会で開催した社長*のアカデミー賞に素晴らしいエントリー作品がある。

味噌や醤油を扱う食品会社が作った小冊子で、いわゆる料理のレシピ集である。

このレシピ集はプロが作ったものではない。お客と社員との共同作業で作ったものだ。すなわち、最後の編集は社員がやったが、内容は、手書きだったり、簡単なワープロ打ちだったりと、お客が作ったものだ。

これをもらった人は、どのように思うか？

商品である味噌や醤油の「味」は関係あるか？　ノー。なぜなら、レシピ集では、味に対する印象は分かるけど、味自体は分からないからね。

社長のアカデミー賞：神田昌典の顧客獲得実践会と、小阪裕司のワクワク系マーケティング実践会の共同開催で2001年より毎年１回行われたイベント（現在はワクワク系マーケティング実践会の単独開催）。実践会会員より実践事例を募り（エントリー）、審査のうえグランプリ、各賞が決定される。第１回開催では、神田・小阪が着ぐるみで登場。観客を驚かせた。

「価格」は関係あるか？　ノー。なぜなら、いずれにせよ味噌・醤油くらいなら衝動買い価格の範囲内だからね。

それでは、お客は何を感じて、この会社のお客になるのか？……。

お客は「この小冊子を作ったお客の楽しそうなコミュニティ」に仲間入りがしたいのである。**共感できるコミュニティに帰属しているという安心**を感じながら、食事をしたいのである。

自分の作ったレシピで小冊子*を作る会社……そんな会社の商品から、顧客流出するだろうか？　これについても、答えはノーだ。

この会社の人と、積極的にしゃべりたいか？　それはイエスである。そして、しゃべり出すと、さらにハマることになり、加速度的にファンになる。

もちろん、レシピの内容も素晴らしい。この小冊子は、配り始めると、勝手に独り歩きする販促ツールになるだろう。マスコミが飛んでくる。レシピ集というのはけっこう売れるのである。出版社も動き出すかもしれない。無料で宣伝できるどころか、さらに印税が入ってくる可能性がある。

しかも、このコンテンツは、インターネットでメール配信もできる。このように一度情報をまとめると、何回も使い回しが可能だ。

小冊子：現在では小冊子など印刷しなくても、インターネットで同じ情報が得られるようになっている。だから多くの会社が広報誌や小冊子などの印刷物を配らなくなった。しかし、だからこそ、今、丁寧に役立つ小冊子を制作すると、確実にお客に覚えてもらえる会社になれる。

これを**コンテンツビジネス**という。味噌・醤油ではなく、共感できるコミュニティへの帰属意識に対して、お金を払っていくのである。

コンテンツビジネスというと、多くの方は、「何か情報を売らなくてはならない」と思うが、そういうことではない。**味噌・醤油ですらコンテンツ化できる**のである。

以上、記憶喪失になっても、思い出したいマーケティングの7つの原則である。これだけ知っていれば、即、売上を上げることができるだろう。

第2章

神田のマーケティング必殺技

ダイレクト・マーケティングには、
いくつかの効果的な「決め技」がある。
本章は、それらを自社の事情にカスタマイズさせ、
業績を飛躍的にアップさせた例を紹介します。
もちろん、今現在でも使えるものばかり……。

「保証」を付ける

保証があるから、買った？

まずは次の新聞記事を見てください。

失業したら100万円！　ローン肩代わり

ナショナル産業（編集部注：現パナホーム）

ナショナル住宅産業（本社・大阪府豊中市）は二十一日、住宅の購入者が倒産リストラなど、会社の都合で失業した場合、住宅ローンの返済を最大で百万円肩代わりする制度を用意した、と発表した。雇用不安から住宅の購入が進んでいない面があるとみて設けた制度で、とりあえず一九九九年の住宅購入者に適用するが、景気の動向によっては延長することも検討する（以下略）。

「リストラ保証」……これはまさに時宜《じぎ》を得ている企画だった。

どういう仕組みかといえば、住宅を購入したあと、リストラにあって失業したら、最大10万円が10回もらえるってこと。つまり万が一、失業しても、10カ月間は金利分くらいは払える。「その間に仕事を見つけてください」っていうことだ。セールストークもいろいろ浮かんできそうな、素晴らしい提案。

何で保証が重要かといえば、保証を付けることによって、保証コストよりも大きな利益が上がるから。つまり100万円の値引きをして成約するよりは、100万円の保証を付けて定価で販売したほうが、確実に利益が取れるということ。

たとえば「失業時には100万円保証するよ」ってセールスすることにより、お客が10人増えたとしよう。しかし、そのうち失業するのは1人だったら、1人当たりの保証費用は10万円。この提案の意図するところは、「値下げをしなければ、差別化できなかった」ところ、「この保証を付けることにより10万円の保証費用のみで、差別化をする」ということだ。

これを応用するにあたって考えることは、まずいったん、現在、お客が購入にあたって躊躇《ちゅうちょ》している不安な事項をリストアップする、そしてその不安についてどのような保証を付けることができるのか……ということだ。ぜひトライしてみてほしい。

思い切った保証は、あなたの知名度が低い場合、それを補ってあまりある効果を生む。保証を付ければ、安心して買っていただけるからだ。

たしかに十分なサポートをしたあげく、返金依頼をされればいい気分はしない。しかし、返金依頼を大幅に上回る「保証があるために買った」という購入者がいる。だから保証内容を工夫することは、大変重要なポイントなのだ。

ちなみにアメリカの家電店では、本体では儲《もう》からないので、延長保証を販売することによって、儲けられる仕組みを作っている。その延長保証の粗利は9割以上のすごい利益だと聞いたことがある。

保証をうまく使うことが重要なのは、お分かりいただけただろう。ただ保証といっても、普通にやっていたらダメ。もうそんなのは誰でもやっている。そこで、保証について、もうちょっと詳しく説明しよう。

無条件保証VS条件付保証

無条件保証とは、「万が一、商品に満足されなかった場合には、いかなる理由でも、ご返金いたします」という保証。この保証は、営業面でのプッシュがある。つまり保証を付ければ、売上アップに役立つ。だから、表現を工夫して、目立つように記載すべき。

それに対して、条件付保証とは、「故障が生じた場合、条件を満たした際、保証をいたします」というもの。

通例、条件付保証は、営業面でのプッシュはあまりなく、また条件の解釈についてお客とのトラブルの元になる。そもそも保証を申し出た怒ったお客に、「保証書の条件を満たしていないから、保証できない」ということは、火に油を注ぐようなもの。

したがって、、売上アップのために保証を活用するのであれば、無条件保証をまず行うこと。ちなみに無条件保証と条件付保証を組み合わせるのは、大丈夫。たとえば、「60日間無条件保証。さらに365日間条件付保証」というのはいい保証だ。

単一保証vs複数保証

保証内容は、1つの保証よりも、2つの保証のほうが良い。2つよりも3つの保証のほうが安心する。つまり、お客が購入にあたり不安に思う事項に対して、すべて保証を付けてあげればいいことになる。

この売れない時代、お客が何に不安を持っているのか、何が販売へのネックになっているのかを調べることはとても重要だ。販売へのネックがどこにあるかが分かれば、対応策が取れるだろう。

購入前のお客様不安リストを作り、リストの項目**1つひとつを事前につぶす**こと。この対策を商談のはじめにしておかないと、あとになるにしたがって、不安の芽はどんどん伸びていく。保証内容は事前にしっかり考えておこう。

住宅業界を例に取れば、「リストラを保証してあげる」「欠陥住宅を保証してあげる」「完成を保証してあげる」「最低価格を保証してあげる」等々だ。第三者に悪用されかねないものは避けたいが、保証は多ければ多いほど良い。

さて、保証というのは、あくまでも購入する気持ちを動かしてこそ意味がある。そこで〝保証を差別化する〟ために、コピーの工夫が必要だ。

「14日以内であれば、未開封のものに限り、ご返金に応じます（返送料お客様負担）」なんてのは、ダメ。使い古されているので、何の役にも立たない。同じ保証でも、言い回しによって、大きく効果が違ってくる。

たとえば次のような保証はどうだろうか。ちょっと大袈裟《おおげさ》に書くと……。

「万が一、この商品品質に**感激されない**で、少なくとも周りの方3人にお話しになりたくならない場合、私たちは理由をいっさいお尋ねすることなく、お電話をいただくだけで、喜んで、営業日3日以内に、すみやかに全額をご返金いたします」↑（必要な要素を紹介するためにわざとダラダラ書いている。適当に短く縮めてくださいね。）

ポイントは、保証内容を読んだだけで、「ずいぶんと品質に自信があるんだな」と思わせることなのだ。

保証とキャンセルの関係

ここで、こんなご質問をいただいたのでご紹介したい。

質問：定期購読誌の販売をしているのですが、神田先生がやっているように、保証を付けたら、大幅に注文が増えました。問題は、「キャンセル率をどのように減らしていったらいいか」ということ。どのくらいキャンセルが出るか分かりませんが、何かいいアイデアはありますか？

できれば当初、相手に若干でもリスクを背負ってもらうこと。まったくリスクなしの後払いだと、キャンセル率はすごい。私の場合、創業当初、後払いにしたら20％くらいのキャンセルを食らった。ところが前払いにすると、キャンセルは大幅に減る。2％くらいのキャンセルになる。もちろん注文も減るけど。

キャンセルを少なくするもう1つの方法は〝いい人〟になること。つまり、当初は**約束していなかったサービスを、無料で提供**する。

たとえば、返品される時期が1カ月後くらいであるとすれば、商品を送った数日後に、「決定が正しかった旨を賞賛する手紙」を送る。1週間後に関連するレポートや小冊子を無料で送ってあげる。1カ月後にダメ押しのプレゼントを贈る……などなど。

このように、当初、約束をしていなかったサービスを無料で提供することで、満足度を高めるのである。

また、人間関係を作ることで、返品率は減る。どういうことかといえば、会社対個人の関係だと、返品に対してはあまり抵抗がない。そこでパーソナライズされたDM等で個人対個人の関係を築くようにしていると、返品は少なくなる。

「きっかけ（オファー）」を作る

「無料診断」というきっかけ

お客に興味を持ってもらうためには、最初のきっかけが必要だ。どのようにして最初のきっかけを作れば良いのか。

私が会員さんから受けた質問と、その答えをご紹介しよう。

質問1：うちはリフォーム業者なんですけど、いわゆる「無料診断*」っていうのは、効果がないと思う。以前「無料診断しますから」と既存客に提案したんですけど、お客さんは「悪くもないところを悪く診断されて、モノを売りつけられたんじゃ大変」と思うんです。そこでまったく効果がなかった。でもお客さんから、「ここを直してくれ」と言われてリフォームに入ったときに、「ほかには、なんか困ったことはないですか」と聞くと、いろいろと商売になった。

無料診断を効果的に行う方法なんてあるのか？

無料診断：いわゆる「無料オファー」の1つ。「診断」という行為は、顧客に対してこちらの「専門性の高さ」をアピールするのに有効。

無料診断自体を「売り込み」ではなく、きちんと価値がありそうに見せる。その見せ方がうまくいけば大丈夫。

たとえば、「給湯器の買い替えを促進するため」に無料診断を行うのであれば、「古い給湯器を使っていると、具体的にどの部分の安全性が問題になってくるのか」「放っておくとどのような問題が起こるのか」「現在、どのような問題が起こりつつあるのか」「どこが壊れやすいのか」「だから、どの時点で安全性の診断をしなければならないのか」等々、具体的に説明することにより、無料診断自体に価値がともなってくる。そして「単なる売り込みではない」という真実味が出てくる。

質問2：学習塾をやっているんですが、「体験授業」というのは、どこでもやっているので、集客の助けにはならない。どうしたらいいのか？

多くの学習塾のチラシには、体験授業がオファーとして提供されているが〝体験授業を受けることにより得られるメリット〟は、全然表現していない。表現しているのは、「この塾に通うことのメリット」がほとんどだ。

塾に通う際に、チラシを見て、入塾申込書に記入する人はいない。順序として必ず説明会や体験授業に参加するステップがあるよね。体験授業に参加してもらうためには、参加するメリットを書かなければならない。また参加しないデメリットも書かなければいけない。多くのチラシでは、以上の点がまったくないので、体験授業をオファーとして提供しても、行動につながらない。

2番目に、「体験授業の価値をアップする」ということが必要だ。

どうすればアップできるかというと、**「対象を絞る」**ということが第1点。たとえば、「特別体験授業へご招待」にする。どういうところが特別なのかといえば、「今回は、○○中学校生徒のみなさん向けの体験授業」「今回は、○○小学校生徒のみなさん向けの体験授業」……このように対象を絞れば、価値をアップできる。

さらに、**オファーの数を多く**しても価値をアップできる。たとえば、「参加できる方にも、参加できない方にも、これ1巻で成績が伸びるDVD」というのを無料進呈することができる。つまり量ですね。ほかの塾が1つのオファーであれば、自分の塾は7つのオファーを出す。すると勝てます。

復習しましょう。人を説得する原則は、「質より量*」。

量：神田昌典がいう「圧倒的」は、〝量〟を指すことがしばしば（「大量のお客様の声」が「圧倒的証拠」となる、等）。

「小冊子」を〝仕組み〟に入れる

もう1つ、最初のきっかけを作るための効果的な方法をお伝えしたい。まずは私が感激した、ハウジングセンターさんからのファクスをご覧いただこう。

なんと、5500万円の分譲住宅が、3棟、即日完売。しかもチラシをいっさい打たず、ダイレクトメールでの集客。つまり販促経費は、今回に限ればきっと10万円以下になるだろう。

この地域では、4000万円程の住宅が主流だ。すると、5500万円の住宅というのは、かなり高いと思われるはず。にもかかわらず、即日完売。**しかも奪い合い**。

これがね、単なるラッキーであれば、「そりゃ、よかったね」で終わってしまう。でも何が画期的かっていうと、**仕組みができている**ことなのだ。

小広告から見込客を集める↓小冊子をオファーとする↓そして、その見込客を勉強会へ集客することによって選別する……という仕組みだ。

鍵は何かっていうと、見込客を集めて、彼らに対して、定期的・継続的なコンタクトを絶やさなかったこと。そして、その見込客の要望に合う住宅を企画し、そして売り出す。

要するに、「お客を集めて、そのお客の要望にあった商品を作る」。まったくリスクはないでしょう。もっとも効率のいい商売の仕方。

神田昌典様

前略、ご無沙汰しています。神田先生のご活躍は私の住む、この大阪の地方都市、豊中市まで届いています。
先般、先生のセミナーを聞いた同業者が、「これはすごい!!　さっそくうちでも取り入れよう」と言っていました。

ひと足先に神田先生のクライアントになってよかった、とホッとしているのと同時に、同じ手法が私のテリトリー内で、同業者が始めるのに危機感を感じています。

しかし、いろいろ試行錯誤しながらアイデアを出しテストして、データを出して挑戦しています。

12月2日現在、顧客データが456名様、このデータはふるいにかけた数字です。約800名の中からです。

10月11日にイベント（住まいを造るための勉強会）は屋内会場を借りて行いました。50名しか入れない会場に、178名様来場しました。DMでの招待状で29組、チラシ（神田式オファー広告）で新規客が54組、合計178名が会場に足を運んでくれました。

第5回目のイベントを12月5日に予定しています。
12月2日現在で、**電話フォローなしに、DMを送っただけで、すでに希望者が29組**になっています。3月4日に電話フォローによるイベント参加の呼びかけで、この数字はもっと伸びることは間違いないでしょう。ちなみにDM発送は412件です。
今度のイベントでは、パソコンを駆使してスクリーンを使い、パネルディスカッション方式で勉強会を行います。会を重ねるごとにバージョンアップしていき、楽しくなってきました。

それから、もう1つうれしいご報告をさせていただきます。
私の現場（建売り住宅3区画、5000～5500万円）は、**チラシ広告をいっさい使わずに、住まい造り実践会のメンバーにDMを出しただけで、1日で完売しました。**それも取り合いになりました。(以下略)

通常の会社は、まず商品を作る。その商品を買ってくれそうなお客を探す。これは、実にリスクが高い。それに比べて、このハウジングセンターさんの仕組みは、圧倒的な差を生んでくると思う。

仕組みというのは、回り出せば勢いがついて、自然に速度が速まっていくので、見込客が見込客を呼ぶ。口コミが発生し出すから、広告経費もさらに減っていっても不思議はない。まぁこの会社、ここにくるまでに半年くらいかかりましたが、よく辛抱されました。社員の方々も、協力者も、ねぎらってあげてください。

「お客様の声」を集める！

実践*して結果が出ている会社はいいんだけど、逆に、まだ実践ができていない会社は、「実践しなきゃ」ってあせるだろうと思う。でも「何をやっていいんだか」と途方にくれているんじゃないだろうか？

何をやったらいいと思う？

実践：「実践は瞑想の10倍かっこいい」（『もっとあなたの会社が90日で儲かる！』あとがきより）。神田昌典の一貫したメッセージの1つが「とにかく実践すること」である。

それは、一番簡単なことから、やればいい。
簡単で、しかも100%確実に効果が出る方法。
それは何だろう?
それは「お客様の声」を集めることだ。
なぜ、お客の声を集めることが重要なのか、っていうと、理由は5つある。

①お客様の声をDMの中に入れると、成約率が上がる。
②お客様の声を事務所の壁*に貼ると、来社した取引先から信用が得られる。
③お客様の喜びの声が聞こえ始めると、社員は働くのが楽しくなる。
④お客様の声を集めると、ニュースレターを発行しやすくなる(お客様に内容を書いてもらうことになるから)。
⑤100人分のお客様の声を集めると、立派な小冊子ができてしまう。

要するに、すべての出発点を「お客様の声の収集」にすることで、すべてがうまく回り始めるってこと。

お客の声を集め始めて、それをDMに入れたり壁に貼ったりしていると、ほどなくお客

事務所の壁:集まったお客様からの称賛の声(アンケート結果、手紙など)が貼られた壁を、実践会では「喜びの壁」と呼んでいた。

の声がだんだん熱くなってくる。こういった兆候が出始めたら、うまくいっている証拠だよね（まず確実に、このような展開になる）。

はじめは、お客の声も「何かもの足りない」「読んでも面白くない」と感じると思う。でもね、10〜20集めると、その中には、イラストを書いたり、プリクラを貼ったりしたお客の声が出始める。すると、その熱いお客の声を読んで、さらに上回る**熱い声を返してくるお客が増殖**していくんですわ。

「でも、どうやって集めればいいのか？」

「お客様の声」を集めるには、このように「はじめの一歩」で、悩む人がいるけどね。こりゃ、簡単。

家族や親戚《しんせき》にまず書いてもらう。そして次は、お得意さんに書いてもらう。すると、それだけで5〜6個くらいの「お客様の声」が集まるでしょう。それを例にして、「どんなことでもいいから、あなた様の声を聞かせてください」と言うと、ほかのお客は、書きやすくなるんだよね。つまり「見本」を見せるってこと。

ちなみに、法人の場合は、担当者は忙しいから、書いてくれないことが多い。その場合はね、電話でインタビューして、その内容を自分でタイプする。そして、署名だけをもらうようにする。

どう？　簡単でしょ？

本当に、これだけで、お客様も、社員も、取引先も変わっていくんだから。

何もやっていない方は、今日から、「お客様の声」を集めてみてください（ちなみにアンケート形式はダメだよ。自由書式を使うようにしてね）。

「相乗りマーケティング」を取り入れる

他社のお客を自分のお客にする方法

他社の顧客を自分の顧客にしてしまう方法がある。

実践会でアカデミー賞を募集した際の、ある宝石商のエントリー作品をご覧いただきたい。

小売店の店先で「宝石を1000円で磨いてあげる」というサービスを提供する。すると、その小売店のお客が来店する。その際、この会社は「宝石を磨くだけではなく、宝石とお声をかけていただくだけなんです。当然、何十点でも1000円なので、お客様は昔の指輪を持ってこられます。ご主人様にもらった、おばあちゃんの形見、お母さんからの贈り物など、思い出がいっぱい詰まった宝石をお持ちになります。そこで私たちが提案します。**「素敵な宝石ですね！　これにはどんな思い出があるんですか？…………そうですか？　ほらこの枠に乗せ替えたら、こんなにも素敵になりますよ！　古いデザインだからとしまっておかないで、ご主人様との思い出と一緒に身に付けられますよ！」**と新しい枠を自然に提案いたします。ダイヤ入りの在庫キャスト約500点をお持ちいたします。ですから、お客様が見ているその場で、サイズ直ししてお渡しできます。そのまま、身に付けて帰られるお客様ばかりです。キャンセルなどありません。値引きもありません。普通、宝石の展示会ですと、買い上げ率は30％前後ではないでしょうか。しかしこのイベントは反対に……。

なんと！　買い上げ率70％以上！！

平均70％くらいの高い率でお客様が喜んで買って帰られます。

それも、何度も、何度も、感動して！

「それって、新品を売ったほうがもっと儲かる！」もちろん、そう思われるのも当然です。しかし、ここで考えてみてください。売るばっかりでなく、アフターフォローも大切な仕事です。

フォローすることによって、次にお勧めする商品がわかります。なぜか？…………タンスの中にある全部の宝石を持ってくるのですから、お客様の好みがわかって、何が足りないかが一目瞭然！！

●ところで、わかったから、枠の上代はいくらぐらいからあるの？　と言いますと、約5万円から40万円前後です。平均客単価は15万円（お店によって異なります）。先日、お客様がおっしゃっていました。「わざわざ宝石を磨くのに宝石屋さんに持って行くのもねえ。なんか買わないと申し訳ないし、あんまり古いものを持って行くのもねえ」

そうなんです。大部分のお客様はわざわざ、お手入れだけではお店に行きづらいのです。**このイベントを開催することで…………あなたのメリットは？**　と言いますと……

（1）口コミで新規のお客様を開拓することができる。
（2）お客様の好み、在庫、次回にお勧めする商品がわかる。
（3）わずか5～10万円の投資で、300万円以上の収入がたった2日で作れる。
（4）仮にお買い上げに結びつかなくても、すべてのお客様に感謝してもらえる。

もうすでにおわかりだと思いますが、8年間もこの仕組み、システムで売ってきました！

これまで口コミだけで広めてまいりましたが、あまりにもお客様が喜んで下さるので、「これからは積極的に営業活動しよう！」ということになり、こうしてFAXをお送りさせていただきました。一地域で一店舗、弊社とのお取り組み先パートナーを探しております。

今なら、小さなお店でも使える「新規固定客獲得法、動員マニュアル及び、催事実績表」を、30部限定であなた様に無料でお送りいたします。ただし、(以下略)

「売れています！　当たっています！」
あなたのタンスに眠っている宝石を、
何十本でも、1000円で磨かせていただきます！！
そんな提案を致しております。

今なら、小さなお店でも使える「新規固定客獲得法、動員マニュアル及び、催事実績表」を近日中に、先着30名様に　**無　料**　で差し上げます。

「タンスの中に売れるほど宝石を持っているから、もういらないわ！　ほかのお店はもっとまけてくれるわよ！　あまりデザインが変わらないわね！　もっと新しいのはないの？　おたくは売るばっかりでアフターフォローがダメね！」と、全国の宝石店の店主さんが、実際にお客様から言われた生の声です。

お店に既存客が来ない！　新規のお客様が減った！　値段ばかり言ってくる！　新しい催事の話をしても、お客様から**「どうせまた売りつけるんでしょ！」**と言われる。

などなど、全国の宝石店を回ってみても、どこも**「不景気だからしょうがないよね！」**と口々に言います。本当に不景気だから物が売れないのでしょうか？

少ないですが、今の時代でも業績を伸ばしているお店が少なくありません。そういうお店は何をやっているのかといえば…………たくさんあるのですが、あえて一つ挙げれば、顧客の心をギュッとつかむようなさまざまな手を仕掛け続けております。まだまだ、打つ手は無限です。**「不景気だからしょうがないんだよ、景気がよくなればなあ」**と景気の回復を待っていても…………。待っていてもジリ貧状態ではないでしょうか？

そこで、自店の売上を伸ばすにはどうすればいいのか？

ひと言で言えば、

（1）新規のお客様を開拓する。（2）既存のお客様にさらなるお買い物をしていただく。

この二つしかありません。では、どうしたら冷えている消費を向上させることができるのか？　それは**「本当はこういう商品が欲しかったんだ！」**とお客様に気づいていただくことです。

あなたは、このように「新たなニーズを創作する！」というイベントがあることをご存じでしたか？

弊社では、お客様のタンスの中に眠っている古い宝石を、全部お店に持ってきていただき、その場で新たな需要が起こる画期的な仕組みを開発いたしました。

具体的には、**「○○さん、一年に一度くらいは指輪も大掃除しませんか？　今回、当店利用のお得意様に特別に他店で買ったものも含めて、新品同様の輝きを取り戻せる『スーパー仕上げ』といって、ベテランの職人に来ていただき、目の前で磨いてくれるんですよ！　それも何十点でもたったの1000円なんです！　せっかくの機会ですので宝石箱ごと持ってきませんか？」**

をリフォームするサービスもある」ということをお客に告知する……というわけだ。

これで会社は利益が上がる。小売店側は、販売マージンが得られる。

……と同時に、お客は来店時に、ほかの商品をついでに買うので、そこからも利益が上がるという仕組みである。対象は、呉服店等の高額商品販売会社。媒体はファクスＤＭである。


この会社は、この仕組みの結果、４９０７円の投資で、75万円が返ってきた！　この会社の社長さんから、「これは投資対費用効果としては、どうなんでしょう？」という質問をいただいた。う〜ん、銀行に行って聞いてきてください……というのは冗談だが、投資対費用効果が１５０倍なんだから、毎回宝くじに当たっているようなもんだよ。

同じ客層の会社の販促に協力することにより、他社の顧客を自分の顧客にするのは、素晴らしいマーケティング方法だ。この方法を**相乗りマーケティング**と呼んでいる。


以前、ある携帯電話の会社は、この方法だけで年商30億円まで成長した。

その会社は、レンタルビデオ店の顧客が、携帯電話の顧客層と同一であることを発見。携帯電話の会社はレンタルビデオ店の顧客リストに対して、会員更新時に、非常に反応のいいハガキDMを送った。具体的には、スクラッチカードを削ると「おめでとう、携帯電話が当たりました」とメッセージが現れる内容である。レンタルビデオ店としては、会員更新時に更新率が引き上げられる。携帯電話会社としては、机を店先に出しておけば、次から次へと携帯電話を契約できるという仕組みである。

この仕組みを構築する方法は、簡単な質問をしてみればいい。自分のところと同じ客層を持つような業界はどこか？　その顧客リストに対して、売れる自社の商品、できれば衝動買いできる価額帯の商品はあるか？　このように他社に役立つ仕組みを作れば、新規顧客は広告でなくても集まる。きわめて効率のいい方法である。

顧客名簿を持っている会社にアプローチする方法

健康食品の通販会社・尽力舎の内海さんからのエントリー作品*をご覧いただきたい。彼はアフリカつばき茶というお茶の通販をやっている。とくに注目していただきたいのは、次の2点。

①増量キャンペーンをやった場合の、オーダー個数の変化。

エントリー作品：ニュースレターに掲載される実践例は、実践会会員による「社長のアカデミー賞」へのエントリー作品と位置付けされた。

ここで得た法則。

①商品1個ご注文のお客様に5％増量、2個で10％、3個で20％、4個で25％という感じで、漸増式増量オファーをすると、平均注文個数は2.5倍になるのです。不思議ですが……**これは法則です！！**

②封筒に7～8行のメッセージ（挨拶文のような）を入れること、これがレスポンスを一気に上げる。きれいなイラストや整ったキャッチコピーはよくありません。できれば心のこもった、人柄がにじみ出るような手書きの文字が最高です。もちろん、メッセージの内容が大切です。
開封率アップのテクニックとしては古典的な方法です。

③DM内の挨拶状、オファーなど、さまざまな印刷物は、自分の会社のカラーや個性を出すことです。どれだけマッチしているかでレスポンス率に左右されると思います。
お上品な会社は洗練された表現、泥臭さや力技で単品通販をやっていらっしゃる会社は刺激的なコピーとデザイン。
当たり前と思われるでしょうが、**いざやるとなると意外とできなくなるはずです。**

以上、このような方法でB社さんにも利益を出していただき、当社も利益を出させていただきました。もちろん、私も社長からお褒めの言葉をいただきました。
ちなみに私は、理論や統計、数字といったものが大好きな人間です。ですから、顧客分析などのデータベースを基に、必ず予想収支（シミュレーション）を出してから実施します。**今のところ大ハズレしておりません。**

このたび、初投稿ながら偉そうに書かせていただきました。

ありがとうございました。

株式会社アルマック
神田昌典様

（株）尽力舎　内田通之

アカデミー賞ノミネート

初めて投稿します。

本音を申し上げますと、これから紹介するビジネスモデルの内容・データは公開したくありませんでした（いきなり、もったいをつけてすみません）。

しかし、会社の立場もありますし、少しだけご紹介させていただきます。

当社、尽力舎は健康食品の通販会社です。顧客は個人のユーザー、法人のお取引様です。

さっそく、当社のヒット商品「アフリカつばき茶」（ダイエット健康茶、50包4800円）の**鉄板ビジネス**をご紹介します。

⑴尽力舎の個人顧客に、エモーショナルなコピーでお茶のサンプル付DMを6000名に出しました。もちろん、1回ではなく、小刻みにテストマーケティングをしながらです。
すると、**購入レスポンス率が10%、客単価が11000円**でした。利益もかなり出ました。

⑵**ここで終わったらもったいない。**
“「アフリカつばき茶」をこのオファーや企画、このクリエイティブで仕掛ければ、他社でもイケるはず”
さっそく、DMの原稿や採算のシミュレーション表などすべて無償で、同じDMを通販会社のB社さんの顧客向けに1万通ほどテストで送ることになりました。
結果は……購入レスポンス率4.4%、客単価12000円。
B社さんにも儲けていただきました。また、顧客活性化にもつながりました。当然リピート客の注文分を考えれば、さらに利益が出るはずです。ちなみにDMのコストは130円ほどでした。
1人あたりの顧客獲得実践会のみなさまも、もうすでにこのCPOを知りたくなったことでしょう。

②相乗りマーケティングの実践。

①については、内海さんがよくまとめてくださっているので、参考にしていただきたい。

②の相乗りマーケティングでは、尽力舎さんは、顧客名簿を持っている会社にアプローチした。どうアプローチしたかと言えば……。

「御社がＤＭを送る際に、うちの商品のＤＭも同梱してくれませんか？」

「うちの商品は、アフリカつばき茶といって、テレビに登場して人気です」

「すでに反応が実証されたＤＭがあって、このＤＭは最低４％の反応があります」

「ＤＭコストは弊社で持ちます。御社は売れた場合にかぎり仕入れていただければけっこうです」

「弊社も顧客リストを1万件ほど持っていますから、御社の商品を（弊社顧客に）ご案内できますよ」

以上のような流れで、顧客名簿を持っている会社にアプローチしていく。

たとえば、実践会のニュースレターの中に、インターネット講座の案内を同封したことがある。すでにセールスパッケージはできている。すると、私としては、カバーページを書くだけ。この取引は、双方どちらも損がない。このパッケージを買った人も満足している。だから三者がまったく損しないというウィン・ウィン・ウィンの仕組みだ。

いろんな新規顧客の開拓方法がある中で、この相乗りマーケティングというのは、どれほど効果的なのか？

答えを言うと……**めちゃくちゃ効果的**です。

あえてマーケティングの取り組みに優先順位を付けるとすれば……1位はハウスリスト、つまり自社顧客のリストが一番効果的。その次に、相手の信用を使って、相乗りする。つまり相乗りマーケティングとなる。多くの会社が最も真剣に取り組んでいる広告やチラシは、本来は、これらのあとに検討すればいい。

中小企業のOEM戦略

回転寿司店のすし八さんから、画期的な実績報告をもらっている。これも多くの会員にとって、きわめて参考になる事例なので紹介しよう。

まずは119ページの資料を読んでほしい。すし八さんが、自分の得意ネタ（焼きうに）を冷凍し、同業他社にファクスDMで売り込みをしている。ファクスを送るだけで注文がくるから、きわめて効率がいい。しかもそれまでの地域商圏にとらわれず、全国で販売が可能になっている。

ひと言で言えば、これは「中小企業のOEM*戦略」だ。大企業がOEMを行うのは、もはや当たり前。たとえば、サラリーマン時代に私が働いていた家電メーカーでは、ライバル会社のブランド名の洗濯機を製造し、供給していた。同じ工場の同じラインで製造され、ブランドだけが異なる。

あなたもご存じの通り、化粧品の製造なんてOEMの最たるもので、中身はみんな一緒。商品名とパッケージを替えて販売している。商品名やパッケージ、広告宣伝の内容によって、価格が異なる。つまり**価値を付けているのは、商品そのものではなく、いかに売るかというアイデア（情報）**の部分というのが現実だ。


このように、OEMというと大企業がやるのが相場だったが、最近、目に付くのが、中小企業間の〝商品の融通し合い〟である。すし八さんだけではなく、同様のことは、和菓子の世界でも起こっている。

たとえば、非常においしい大福を作っている和菓子屋があるとする。そこは得意な商品（大福）を同業他社に販売する。すると同業他社は、大福を自社で製造する手間が省ける。その分、自社が得意な商品（たとえば草もちとか）を、さらにこだわって作れるようにな

OEM：Original Equipment Manufacturingの略。自社商品を同業他社に供給し、相手先ブランドで販売すること。

おいしいすしネタができました

おいしいすしネタとは、お客様もおいしく、**お店ではもっとおいしく**なくてはならないと考えております。

今日ここにご紹介するネタは、まだ世の中に出たことのない商品です。今後、全国に販売する予定ですが、今回は、繁盛している貴店にだけのご紹介です。

さて、新しいすしネタとは、商品名を　**焼きうに　うにだらけ**　と言います。うにを卵で固めたものです。

なぜお店においしいのかということですが、

1．商品は**冷凍**でお送りいたしますが、解凍時間がとても短い（常温で10分くらい）です。

2．切りつけるだけですぐに使えて、とても**カンタン**です（アルバイトでもOK)。

3．**廃棄ロス**が極端に少ないです。なぜなら、**少し乾いたくらいがおいしい**のです。

4．誰が見ても、うにとすぐわかるので、220円以上の売値をつけることができます。

5．気になる原価率ですが、商品価格は550円です。6～7皿とれます。550÷6＝91.7÷220＝41.7％となります。もし250円での販売ならば36.7％の原価率です。

「おいしいでしょう」

実験済みです。リピートもあります。

詳しい資料を用意してありますので、**大至急　ファクス**でご請求ください。

（有）テルミック

る。つまり、お互いにウィン・ウィンな方法だ。

すし八さんのファクスDMは、サンプル件数は少ないものの、5店にファクスして100％資料請求率。その後、40％と取引成立となっている。きわめて反応率が高いDM。

法人向け新規取引を獲得するDMの場合、典型的な失敗は、商品の良さをダラダラと述べること。これはまったく意味がない。なぜなら、相手先は、あなたと同じように、①稼げること、②手間がかからないこと、そして、③商品品質は良いこと……の順序で検討するからだ。

つまり、**お客の購買検討プロセス**と、商品説明の順序は一致しなければならない。これが一致しないと、お客側は検討する前に、DMをゴミ箱に捨てたくなる。この原則は、DMを書く場合だけじゃなく、営業トークの際も同じ。

まぁ、営業マンの場合は、ゴミ箱に捨てる代わりに、聞く耳を閉ざすわけだけどね。

このように、OEM戦略は非常に効果的。

さて、あなたの会社には、同業他社に販売できるものはない？

実績を伝える

自信がない方へ〜必要なものは、すでにあなたの手の中に〜

私は以前、軽井沢で、クライアント数社の社長と3日間の合宿セミナーをやった。目的は、3年後に収益を10倍にすることだ。

まぁ、誰でもはじめは、「そんなバカな」と思う。利益10倍、20倍を実現するためには、DMの反応率を上げる、チラシの反応率を上げるといった小手先の方法だけではできない。しかし、顧客の視点で会社の戦略を組み直す……すると、「これだったら、たしかに10倍くらいの収益アップは、できるだろう」と、参加者の誰もがうなずける、明快な戦略ができ上がるのだ。

「すごい。これだったら、短時間で、地域でトップになれる。さらに、この仕組みを全国にフランチャイズとして広げることも可能だろう」

本人も、こう実感する。しかし、ここで問題が持ち上がる。

「いったい、自分にできるのだろうか？」という不安である。

「自分には、実績がない。だから、その実績を作るだけでも、何年もかかるだろう」

自分に実績がない……これは大問題のように思える。

ところが、実績がないという問題ほど、簡単に解決できるものはない。

それは、一瞬で解決できる。

合宿セミナーに参加されたある工務店は、介護リフォームを切り口に戦略を組み立てることが必要になった。そこで私は、実績があるかどうか、尋ねた。


「御社は、介護リフォームをどのくらいやってますか？」

「いやそれほどやってないです」

「では、今まで高齢者世帯のリフォームをやったことがありますか？」

「それはあります」

「何件くらいですか？」

「1件」

「そのお客さんから、喜ばれましたか？」

「ええとても喜ばれました」

「それじゃ、実績があるのですよね」

「いや～、とても実績と呼べるものでは……」

本人は、謙遜《けんそん》している。「人に語るべき実績はないんですよ」と思い込んでいるように見える。

しかし、自信を持ってほしい。

「喜ばれた」ということだけでも、大変な実績なのだ。

私の考えでは、**実績はあるものではない。実績というのは、今この瞬間に、自分で作るものなのである。**

例を挙げよう。

1998年、私はサラリーマンをやめて独立した。その際に、実績はあっただろうか？　今だからこそ告白できるが、とても人からお金をいただけるような実績はなかった。実績といえば、サラリーマンのときに、自社で成功した事例があっただけ。そして、取引先での導入事例が、ほんの2社ばかりあった程度なのだ。しかも、その2社から結果が出ているかといえば、結果すらも出ていない。

しかし、喜ばれていた。喜ばれているという事実自体が、実績を広げる核となった。

その半年後……私は「ダイレクト・レスポンス・マーケティングにおいて、中小企業を対象とする組織としては日本最大級の組織の主宰者」という触れ込みができるようになった。

当時、ダイレクト・マーケティングという言葉を使っている会社は多かったが、ダイレクト・レスポンス・マーケティングという言葉を使っている会社がほとんどなかった。あったとしても、中小企業対象の会員組織を持っているところはなかった。

つまり、言ったもの勝ちなのである。

3社からでも30社からでも、会員が集まった、その時点で日本一になれるのだ。

人間は、自分で思った人間に、思った瞬間、なれる。自分が自分をどのように思うかが問題なのである。自分が自分自身に持つイメージを変えたとたん、周りのみんなは、あなたをそのように見ることになる。そして自分は、そのイメージに自動的に近づくようになる。

なぜ、新しいセルフイメージを持つことが重要なのかというと、どんなに優れた将来の計画を持ったとしても、自分の実績や能力では、とても達成できないという思い込みをなくさないと、必要なアイデアや実行力が湧いてこないからである。

現実には、あなたが必要なものは、今、すべて持っている。

繰り返すが、**実績というのは、あるものではなく、この瞬間に、自分で作るもの**である。

実績が実績を呼ぶ

「巨富を引き寄せるといわれているブレスレット」……「黄色い財布」などと同類の、いわゆる縁起物商品。そのチラシに面白い写真が載っていた。透明な箱を置いて、寄付金を募った。**1週間で約950円だった寄付金が、このブレスレットを置いてからは、1週間でなんと約9955円**になっているという。

「こんなのに誰がだまされるんだ！」と思われるだろう。しかし、私は本当のことだと思う。ただ、このブレスレットが、お金を引き寄せたわけではない。小額のお金が、より大きなお金を集めたのである。

当たり前の話だが、空っぽの箱に寄付金を入れるのにはかなりの勇気がいる。しかし、あらかじめ、少しのお金が入っていれば、それが安心感を与える。だから、寄付金を入れる人が増えるのである。だからこのブレスレットを置く置かないにかかわらず、寄付金が増えていく。

これは街中に停められた自転車のカゴと同じである。ゴミを1つ入れておく。すると、翌日には、カゴがゴミでいっぱいになっている。要するに、1つのゴミが、大量のゴミを呼び寄せる（私は、これを**「自転車のカゴの法則」**と呼んでいる）。

あなたの実績も同様。

1つの実績を挙げてみる。現時点では、大したことはない。しかし、その1つの実績を世の中に向かって発信したとたん、短時間のうちに、多くの実績を掘り起こす核になる。

冒頭に紹介した工務店にしても、介護リフォームの地元でのトップ企業になろうとすれば、けっして難しいことではない。しかも、それは、本人が実績を積む必要すらない。地元でケアマネージャを探してコンタクトする。さらには地元の介護施設と積極的に連絡を取ることもできるだろう。

このように自分にはまったく実績がなかったとしても、専門家にコンタクトを取ればいいだけの話。

通常、コンサルティング会社では、1つのプロジェクトが終了したときには、その業界についてかなりの専門知識を得ることになる。その理由は、業界専門誌のバックナンバーを過去3年にわたって読み、そして業界の専門家にインタビューするからである。

このようにある分野の**専門家になることは難しいことではない**。要は、そのように、なりたいかどうか。それをあなたが決めるだけ。そして、その一歩を踏み出すかどうかである。

あなたも大きな目標を持っていることと思う。

その大きな目標を実現できるかどうかは、自分が自分に対して、どのようなイメージを持っているかによって決まる。自分に対するセルフイメージを変えないまま、大きな目標を持っても、途中で挫折する。

まずは自分のイメージを変えてほしい。それはけっして難しいことではない。

自分で自分のプロフィールを考えてみよう。現在のプロフィールと、3年後のプロフィールを書いてみよう。

その3年後のプロフィールが、現在のあなた自身であることを理解しよう。

そして、そのプロフィールを、朝晩、眺めよう。それだけで、目標の実現がスムーズになる。

第3章

売上アップの「突破口」を探る！

マーケティングとは、
ただ単に「広告宣伝をどうにかする」ものではない。
本章では、会社が成長を遂げるために絶対に必要な、
自社の「ビジネスのあり方」「商品のあり方」を見直し、
変化させていくための
ポイントを紹介します。

注文が殺到したピンク本の秘密

売れた理由をひと言で言えば……

拙著『あなたの会社が90日で儲かる！』*が発売されたとき、大手新聞に広告を掲載した。この広告、目立った。反響も大きかった。しかし、私のアイデアがすべて入っているわけではない。当初の広告より、大きく変更している。いくつかのアイデアが、新聞社の審査でつぶされてしまった。

うむむ。たいてい審査で引っかかるのは、売れる広告だ。売れるから、他社からクレームがくる。だから、審査が慎重になる。そこでゲリラ・マーケターは、ギリギリの線まで戦う。

このときは、フォレスト出版の営業さんが、最後まで見出しの「船井幸雄氏、注目！」に固執してくれた。商品を説明するんじゃなく、売るために一番、必要なことを言う。

おかげ様で、とっても売れました。ピンクの本。初版は1万部。それが12月20日に店頭に並んだ。私は「こんなに刷っちゃって、売れなかったら責任感じるよなぁ〜」「まぁ、

『あなたの会社が90日で儲かる！』：1999年12月フォレスト出版より発刊された、神田昌典の２作目の著書。挑発的なタイトルやショッキング・ピンクの表紙、軽妙な語り口の本文など、それまでのビジネス書にはなかった試みが満載の革命的1冊！2014年1月現在、発行部数累計24万部。

上の広告は、1999年12月に出した広告。反響の大きさに発売1週間も経たずに増刷。
下の広告は、翌年2月に出した広告。各書店で売上ランキング入りをした。

3月くらいには、第2刷になればいいよなぁ〜」と思っていたわけです。

そしたら12月27日。風邪で鼻がつまって、ダウンしてた。そのとき携帯電話が鳴った。

出版社からだった。

「神田さん、**増刷が決定**いたしました」

「増刷って何？　そんなことってあるの？　だってまだ店頭に並んで、まだ実質6日しか経ってないでしょ？」

私は、心の中でこう思ったわけです。でも聞いてみると、本当に、もう版元には在庫がない。

私は、一気に**鼻詰まりが治って**、超ハッピー。

その後もみなさんご存じの通り、順調に売れました。


なぜピンク本は注目を集めたのか？　まぁ、いろんな原因があると思う。みなさんからの実績報告*。帯に大きく書かれた「船井幸雄*氏、注目！」の文字。新聞広告のインパクト。ショッキング・ピンクの装丁。無料特別レポートのオファー。それから、テスト販売店や置かれる店舗の選択ノウハウ。

まぁ、こういういろんな要素が絡み合って、売れたことは確かなんだけど……、しかし、あとから考えてみると、ピンク本が売れた理由は、ひと言で表現できると思うんですよ。

実績報告：『〜90日で儲かる！』の巻末と裏表紙には、顧客獲得実践会会員企業の成功実績が100社分以上掲載された。まさに〝圧倒的証拠〟。
船井幸雄：経営コンサルタント。船井総合研究所創設者。ビジネス界のみならずスピリチュアルの分野でも大きな影響力を持ち、『〜90日で儲かる！』発刊当時ももちろんコンサルティング界の頂点に君臨していた！

じゃ、そのひと言とは？

「細部へのこ・だ・わ・り」

これが大きな違いだ。この点は、本のマーケティングだけでなく、ほかの商品にも当てはまると思うので、ちょっと説明させてほしい。

売れる匂いを作る、売るための究極の質問

実は、1冊目の著書を出版したときには、私は文章を書いただけ。そのほかの部分については、著者の意見はほとんど入らなかった。レイアウト、装丁、広告、マーケティング方法。本当は、こういうところも、本を売るには欠かせないところ。でも新米著者だから、意見を言うことはためらっていた。そうしたら、あっけないほど、あれよ、あれよ、と進んじゃって、気づいてみたら、本ができていた。

出版社が「力が入っていなかったか」というと、そんなことはないと思う。編集担当の方だって、「この本は、長く売れると思います」って言ってたし、社長だって、「僕が5回読んだのだから、社員は7回読め」と言っていた。それでも、売れなかった。

それが、ピンク本の場合は、いろいろ**意見のぶつかり合い**があったのね。タイトルは、最後の最後まで、もめた。装丁では新しい実験をした。最後の、実績紹介のページでは、

縦書きか、横書きかでもめた。イラストは、全部やり直した。文字の太さを変えた。見出しは、白抜き文字をやめた。著者紹介をどこに入れるかでもめた。

マーケティング方法についても、二転三転あった。はじめは、もっと多くの特典があった。読後の返金制度をやる、つまり「読後、満足されない場合は、著者が返金」という保証があった。

それから、100万ドル札のしおりプレゼントがあった。当時は2000円札が出回り始めたときだったので、「大蔵省が2000円札なら、フォレスト出版は100万ドル札!」のコピーを入れようとしていた。無料レポートのプレゼントについては、「この1冊で、もう1冊無料!」のコピーも考えていた。

大手新聞の広告展開にしても、地味には見えるけど、新聞社の広告審査部から許可が下りなくて、舞台裏は大変だったのね。

しかし、そうやってもめるじゃないですか? これは細部に対して、こだわってるわけでしょう。すると、だんだん売れる匂いがしてくるわけです。

売れる匂い。これがね、ピンク本にはあった。

それじゃ、売れる匂いが出てくるまで、こだわるためには、どうすればいいのか?

それは、**究極の質問**をしてみるわけです。

「もし自分の人生が、この本1冊にかかっていれば、どうするか？」

たとえば、こんな質問をしてみる。

「私の**会社がつぶれるか**どうかが、この本にかかっているとすれば、白い表紙にするだろうか？」

そう究極の質問をすると、答えは明らか。まぁ、普通の表紙にはしないよ。ほかの本の中に埋もれてしまうからね。商品ＰＯＰを白地に書くなんて、考えられんじゃない。これと同じだよね。

広告だって、同じ。

「今１００万円しか資金がなく、その１００万円全部を、この広告に突っ込むと思ったら、いったいどんな広告を出さなければならないのか？」

すると、単なる広告を出さないわけですよ。たとえば新聞広告審査部から、「こんな広告は書籍広告じゃないからダメ」って脅かされたって、**妥協できない**。だって、他社と同じような広告だったら、広告自体が読まれないじゃない？

そうやって極限に自分を持っていって、アイデアを出していく。これが重要だ。

「もし自分の全財産が10万円で、その10万円をこのチラシ全部に突っ込むのであれば、このオファーでいいのか？」

「もしこのチラシの反応で、仕事をクビにされるかどうかが決まるんだったら、このコピーでいいのか？」

こうすると細部へのこだわりと、**売るためには妥協しない**という姿勢が生まれる。そして、斬新《ざんしん》なアイデアが出てくる。今度の会議で、試してみて。

広告は目的を考えて

大企業の広告の多くはイメージ広告。だから会社の知名度は上がるけれど、売上は上がらない。しかし、これはいい（次ページの広告）。めずらしい。小さな枠を使っていながら、売上を上げることができる。

枠が切り取り線*になっているのもポイントだ。これは切り取らせることを目的としているというよりも、目立たせることを目的としている。切り取り線を使うことにより、まずそこに目がいくようになる。

広告全体が割引券に見える。そのために広告に価値観が生じてくるようになる。**切り取り線の魔力**はすごいもので、申込書に点線を付けておくと、切り取らなくてもいいのに、わざわざ切り取ってくる人が10人に1人くらいいる。

枠が切り取り線：『～90日で儲かる!』書籍広告も、全国紙広告で枠を切り取り線にする企画があったが、新聞社の広告審査で引っかかった。アイデアが必ず通るとは限りません。

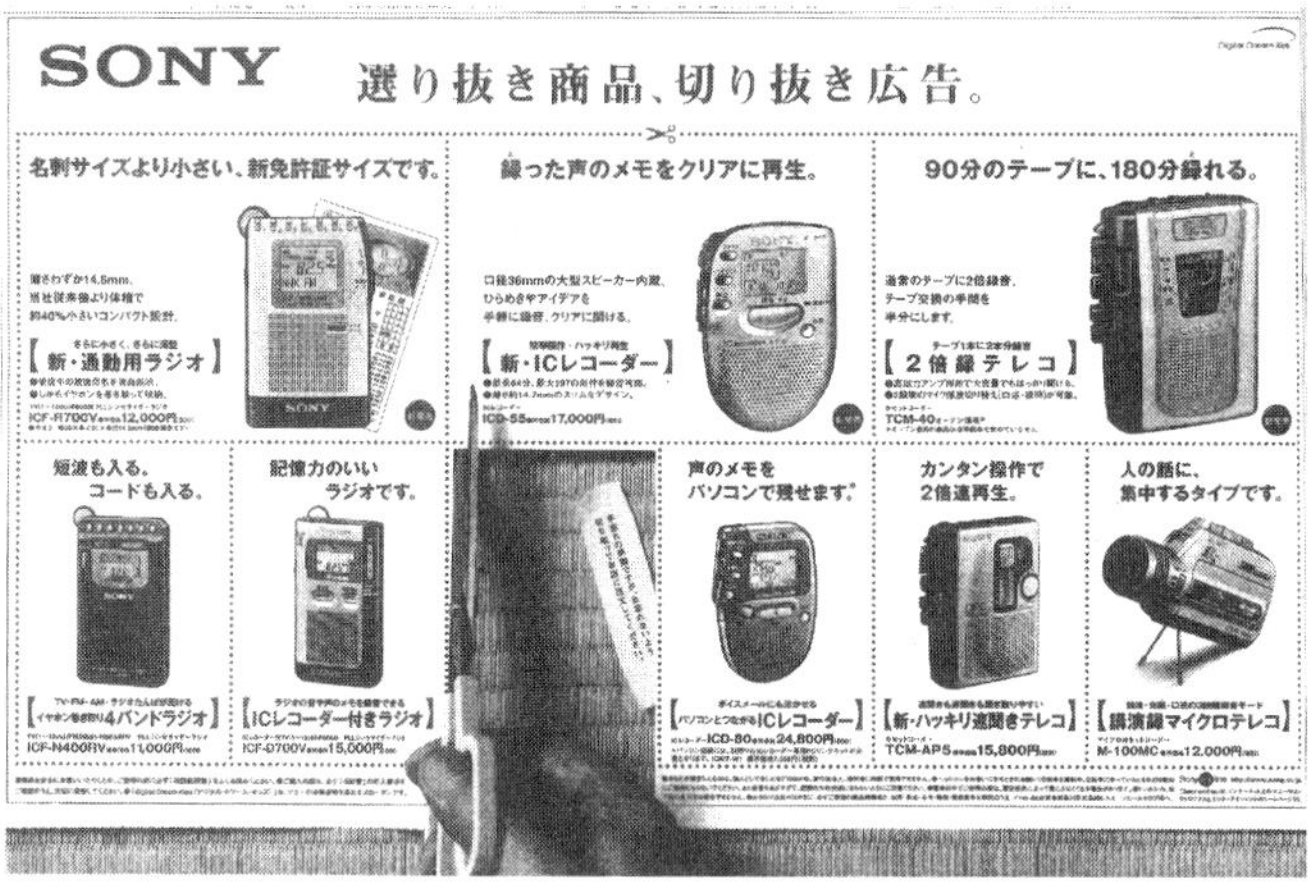

1998年12月9日「日本経済新聞」広告

それだけ人間はパブロフの犬みたいに**条件設定**されちゃっているわけ。その無意識の行動を、広告に使っているという例でした。

優良企業になるために
どんな大会社も、最初はゲリラ広告だった

日経新聞で、ダイエーの中内会長*が「私の履歴書」を書いていた。これはすごい内容だと思ったのでご紹介したい。

以前、ダイエーが輸入ビールで在庫過剰になり、大失敗したとき、新聞に全面広告を出した。そのときのコピーは、広告代理店が作ったイメージ中心の広告を、中内会長自身が、こんなんじゃダメだと言って、書き直したらしい。

中内会長：故・中内㓛氏。ダイエー創業者。日本のスーパーマーケット＝小売流通業をリードした経済界の重要人物。1998年、ダイエーの経営危機を受けて社長退任。2001年には取締役を退任し、中内ダイエー時代が終わった。

記事には、中内さんが書いたチラシ……ダイエーがはじめにやったチラシが掲載されていた。なんて書いてあるかというと……。

「主婦の店ダイエー特報
ダイエー花の包み紙は、お買物上手な、ご婦人の〝しるし〟
1年間の利益をお返し致します！
よい品をどんどん安く売る店　主婦の店ダイエーが　あなたのおかげで　成長して来ました　感謝の心をこめて　1年間の利益をお返し致すつもりで全店大売出しを行います！」

私は、さっそく自分の書籍広告に生かした。「ピンクの表紙は、できるビジネスマンの〝しるし〟です」とやった。

さらに当時、中内さんが考案したキャッチフレーズがすごい。

「見るは大丸、買うはダイエー」

すげー。やっぱ、みんな創業のときは、ゲリラだったんだよ。カッコつけても始まらないんだよ。

『流通革命は終わらない』（日本経済新聞社刊）より

さらに「私の履歴書」では、「物価値上がり阻止運動推進中」というポスターについて書かれている。これは、数年前にヒットした**消費税還元セール**とまったく同じ。つまり、政府を敵に回して、お客を見方につけるという戦術。このポスターには、次の文句が書かれている。

「いまこそ、ダイエーはインフレファイターとして、物価高騰に立ち向かい、よい品をどんどん安くお届けいたします。」

この「○○阻止運動推進中」は、すぐに使えるフレーズ。今は環境志向だからさ、「CO_2拡大阻止運動推進中」とか、「電気料金アップ阻止運動推進中」といろいろに使えるのではないだろうか？

やっぱり先人から学ぶところは、本当に多いんだけど、こういう重要なチラシとか、ポスターとかは、無視されちゃうんだよな。

飛躍的な成長を遂げるには、何から始めるべきか？

実践会メンバーの、健康関連商品の販売会社・山口社長からお電話をいただいた。新聞広告を出したら、3000件以上の電話が殺到したという。無料サンプルを配っているわけではなく、1000円で販売する商品の広告である。

商品は健康関連商品で。肩こりや腰痛にいいというチタンテープ。「チタンテープなんて、売れるの？」と思うが、そのような商品が、なんと広告で数日で3000件も売れてしまった。これは、なんと「おもいッきりテレビ」*に取り上げられた以上の結果であるという。

考えてみてほしい。電話回線が受け取れないほど、電話が鳴るのである。**電話を切っても、切っても電話がかかってくる**のである。電話を全部受け取ることができたら、本当は、もっと反応があっただろう。

山口社長は、その後の販売、そして顧客の信者化については、実践会きっての実践家である。抜かりがあるはずはない。

すると数日間で、億単位の金額を稼いだことになる。数字が見えているから、今度は、その広告をできるだけ多くの媒体に水平展開することができる。現在、年商10億円企業であるが、一瞬にして20億円企業になる。

このような元気な会社が、実践会にはたくさん集まっている。

大変な不況であるといわれるこの時期に、飛躍的な成長を遂げて、次世代の優良企業に

おもいッきりテレビ：正式番組名『午後は○○おもいッきりテレビ』。1987年～2007年まで日本テレビ系列で放送されたみのもんた司会の生放送生活情報番組。主婦層に向けたお昼番組で、番組内で紹介された商品（例・「ココアは身体に良い」）は売り切れ続出となるなど、高い影響力を持っていた。

なるためには、どうすればいいか？　いったい、〝はじめの一歩〟は何だろう？

一生懸命、マーケティングをやることだろうか？　顧客満足を表現することだろうか？

それとも、いい商品を仕入れることだろうか？

いや、最初にやるべきことは、**『自覚する』**ということなんだよ。


自覚と言われたって分からないと思うので、詳しく説明することにしよう。

さて、あなたは、「日本経済を立て直していく人は、いったい、どこにいるのか？」と問われたとき、どう答えるだろうか？

私は以前、自分のセミナーに参加されたデザイン会社の社長に同じことを聞いた。

私　「日本経済を立て直していく人は、いったい誰なんでしょう？」
社長「俺か？」
私　「そう」
社長「俺？？？」
私　「そう」
社長「やっぱ、やるっきゃないかぁ？」

私　「そうでしょう」

そう。あなたが、やらなければならない。だって……いる？　あなたくらい真剣にビジネスについて考えている人が、あなたの周りにいる？　だったら、あなたがやるしかないでしょう？

これが自覚するということだ。

価格設定は「仕組みを築く」こと

失敗するなら、はやく失敗しよう

実践会の年会費は、コロコロ変わっている。はじめは19万6000円。これで1名入会してくれた（Thank You!）。その後、テスト的に一気に4万8000円まで落とした。なんで10万円以上も下げたかと言えば、要するに、失敗するなら、早く失敗したかったから。もし4万8000円で注文がなければ、当然、7万8000円でも、9万8000円でも注文がないことは明らか。まず、4万8000円で失敗するのであれば、次の対策を考えたほうがいい。「この事業は失敗するかどうか」ということを、できるだけ早く知りたかった。

4万8000円に価格を落としたら、成約率が30％以上になった。「これは脈あり」と分かって、7万8000円に値上げして、さらに9万8000円に値上げしたという感じ。なぜこんなに価格を変えたかと言えば、要するに、値段を上げたあとも、あまり注文率が減らなかったから。

まぁ、この数字が見える、仕組みが見えるところまでが非常に厳しい。

「本当にうまくいくのかぁ」

「なぜ、ほとんど反応がないのか？」

「反応があっても、どうして買ってくれないのか？」

いやぁ〜、**こういう時期が一番つらいね**。あとで考えてみると、たいした期間じゃない。ほんの3カ月くらい。しかし、**その間のイライラといったら、ありませんわ。この仕組みが見えてくるまでが、辛抱だ**。

その仕組みが築けない理由が、実は価格であったり、DMの表現であったり、電話のメッセージであったり、商品の打ち出し方の切り口だったりする。本当に微妙な要素で、仕組みが動き出す。そのバランスは、神がいたずらしてるんじゃないかと思えるほどなんだけど、そのバランスがはまったとたん、反応がピョンと如何にも簡単に跳ねるんだな。**これだからダイレクト・マーケティングは、やめられない**。面白いのが、一度見えてしまった仕組みは、**「こんな簡単なことさえ分からなかったのか！」**と思えるほど当たり前になってくるということ。仕組みを作るまでがしんどいのであって、仕組みが見えてしまえば、その後は、いけいけドンドンですわ。

実践会の会員さんで、仕組みが見え始めた人がいた。成約率が4％から、いきなり33％になった。その人に対して、通販の先輩がアドバイスを与えた。

「いけるんだったら、ここで一気にいかないとならない。この時期を逃すと反応が落ちる。だから、やるときやらないといけない」

とのこと。

つまりゼロか、それ以外か？　仕組みというのは、中間があまりない。

以上が仕組みを築くというプロセスだ。

もちろん商品を開発する前の販売テストや価格テストは、誰でもできるものではない。でも、それが本来の手法であることを思い出してもらいたい。でないと販促ツールを作ることばかりに一生懸命になってしまって、肝心の『販売』に手をつけることを忘れてしまうだろう。

価格変更する3つのポイント

エルハウスの平さんの素晴らしい事例をご紹介しよう。

とにかく「安くすれば、売れる！」と思い込む。その結果、価格競争に突入する。これは**致命的な病気で、ディスカウント症候群**と呼ばれている。

これは住宅販売だけではなく、ほぼ全業種で同じ間違いをしている。だから、あなたも間違えている可能性が高いと思ったほうがいい。多くの人は、気軽に価格を下げるが、実に危険な決定であることに気づいていない。たとえば、価格を1割下げたとする。この場合、得られる現金残高への影響力は、何割になるだろう？　1割ではない。なんと原価率を5割だとすれば、売価を1割下げれば、現金は2割。そして売価を2割下げれば、現金は4割減る。

そして原価率を7割だとすれば、**売価を1割下げれば、現金は33％減。2割下げれば、現金は67％減ってしまう**。つまり1割下げると、手元に残るはずの現金が3分の1減ってしまうのである。

以上は、ちょっと計算すれば、中学生でも分かる。値下げは、自分の首を絞める結果に

社長のアカデミーノミネート

株式会社エルハウス　平秀信

正直、これは話したくなかった！

今、住宅販売に携わる人たちがみな勘違いをされています。そして、自分から棺桶に足を突っ込んでいます。この状況は見るに堪えられませんので、意を決して報告することにいたしました。黙っていればいいものを……私はバカ正直な男です。

この報告は1000万円以上の価値があると自負しております。まずは、下の数字をご覧ください。

39←36←33←**30**→29.8→26.8→24.8→21

この数字は何だと思いますか？

これは住宅の価格、「坪単価」と呼ばれるものです。現在、住宅業界は価格競争に突入し、いかに価格を安くするかにしのぎを削っております。しかし、一方では価格を高く設定し受注を伸ばしている会社も多くあります。価格を安くすると負けていき、価格を高くすると勝ち残る、これが現実です。

なぜ、同じような家を造っているにもかかわらず、このように分かれていくのでしょうか？

この秘密をお話しします。

住宅業界は低価格住宅が出始めてから、**29.8万円**という金額が合言葉のようになりました。この価格表示が最も受注が取れたからです。しかし、バブルがはじけて以降、価格がどんどん下がりました。今では坪単価19万円などというとんでもない価格が出始めています。そして、「自社も安くしなければ戦えない」と同調して、自分の首を絞めています。

多くの会社は今、価格を安くすればするほど受注できない現実を知りません。正しい情報を得る術がないのですから、それも無理はありません。安くすれば仕事は取れると思い込んでいる、または、それしか方法がないと負け犬根性になっているのです。

しかし、逆です。

実は、今は**価格を上げると仕事が取れて儲かる**のです。

「嘘をつくな！」そう思われるかもしれません。常識はずれのことを言っているのですから、信じられないのももっともです。しかし、嘘では（以下略）

終わるのが分かりきっている。しかも、粗利が大きなときの値下げはさほどインパクトが少ないが、それが小さくなったときの値下げは一気に体力を消耗させる。にもかかわらず、顧客がこなくなると思考が停止して、値下げをする。単純に値下げするくらいであれば、値上げしたほうがいいのだ。

値下げしてつぶれる会社はたくさんあるが、値上げしてつぶれる会社はない。値下げしたら儲からずに、赤字が拡大してつぶれる。どうせつぶれるなら、忙しくつぶれるよりは、**暇でお茶でも飲みながら、つぶれたほうがいい**。

だから一般的には、思い切って値上げをしたほうが安全だ。ただ、値下げをしたほうがいいタイミングというのがある。値下げすることによって、一気に顧客数を増やすことができるのだ。そこで正しい価格決定のタイミングについて説明しておこう。

100人の村からライフサイクルを考える

まずは市場を単純化して、考えてみよう。**100人の村**があったとする。

あなたの仕事は、この100人の村で自分の商品を販売するのが難しい。なぜなら、今まで見たこともない商品だし、ほかに誰も使っていない。そこで当初は、無料で使ってもらったり、商品説明に時間がかかったりする。販売経費がかかるので、販売したとしてもさほど利益が出ない。

ところが商品が徐々に浸透していって、**ユーザーが11人を超えると状況が変わってくる**。情報の早い人がしゃべり出すので、購入者は商品になじみが生まれる。販売が比較的、楽になる。

まだ89人に販売できる可能性がある。そしてライバルはいない。購入者が20人になるまでは、このような状況が続く。21人目以降は、状況がまったく違う。

以前は、お客のところに出かけて行って、商品説明をしなければならなかったが、**お客の側から商品を求めてくる**ようになる。商品を作るのも慣れてきたので、価格を落としても、利益が出るようになった。そこで価格を下げたところ、一気に購入者が増えてきた。ライバルが数社出てきたが、まだ以前の利益幅は確保できている。価格決定権は販売側にあり、とにかく儲かるので、商売が楽しくなった。このような状況が、購入者が50人になるまで続く。ここで１００人の村の市場は、折り返し地点に入る。

人口の半分が、もうすでに自分の商品を購入している。あと50人が残りの対象客だ。にもかかわらず、すでにライバルが5社も参入している。1社当たり10人のお客しかいなくなってしまった。以前は、お客が来れば、すぐに売れた。でも、今は「あっちの店では、もっと安かったよ」と**値下げ要求**をしてくる。そこで、思い切って大幅な値下げをした。ライバル各社も追走した。その結果、市場全体で、さらに30人の顧客を獲得することになった。もはや残る20名しか、市場には対象客がいない。それを5社で奪おうと思っているので、1社当たり4人しかいない。どこを探しても、自分の商品を使っているので、その4人にたどり着くまでに時間がかかる。しかも価格は大幅に値下がりしているので、利益は出ない。もはや、この商品ではとても食ってはいけない。ライバル会社も閉店してくるところが出てくる。

私はもう**新しいことをする気力もない**。そこで回想する。

「あのときは、黙っていてもバカバカ売れた、いい時代だったなあ」

分かります？　戦後の日本経済と瓜ふたつでしょう？

図式化してみると、次ページの図のようになる。

価格を変更しなければならないのは、この商品ライフサイクル上、3つあることが分か

100人の村で価格変更を考えると……

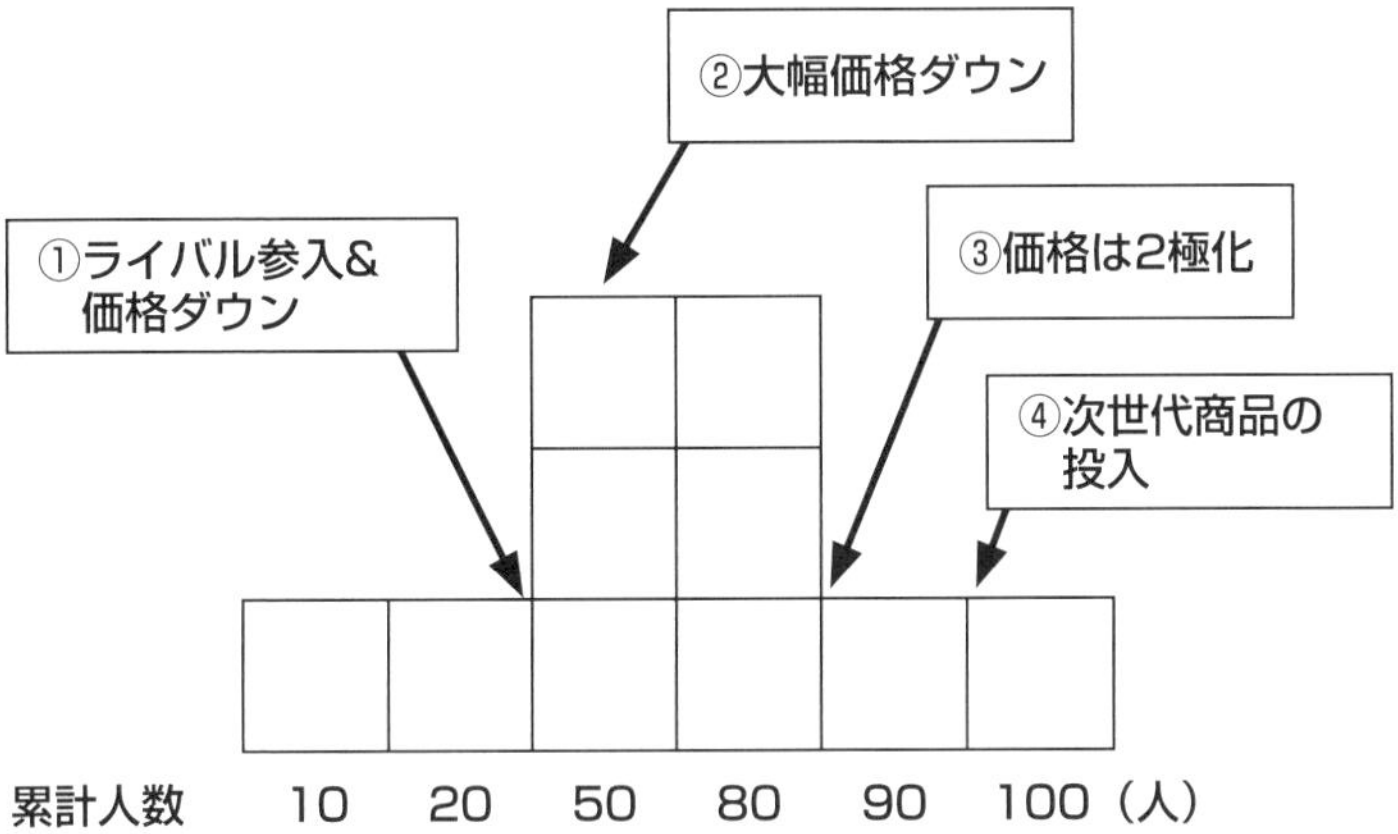

る。成長期の始まりと、成長期の折り返し地点。そして成熟期の始まりである。とくに成長期の折り返し地点は、重要。この地点の価格決定がもっとも難しい。ところが、**ここで思い切って価格をダウンさせると、一気に顧客が流れ込む。**

市場シェアのトップを狙《ねら》いたければ、ライバルが値段を下げる前に、自分が下げるようにする。

こう考えると、前述の平さんの実践はまさに正しいということがわかる。②のポイントで、安値（29・8万円）で入っていって、市場を奪う。その間、徹底的に商品品質や組織力の強化をはかる。その結果、地元では評判になったので、③のポイントでは値上げが可能になり、最後の消耗戦には入らなくてよくなったのである。

当然のことながら、この商品ライフサイクルの最終局面では、消耗戦が繰り広げられる。これはかなり不毛な競争。忙しくても、ほとんど利益を生まない。

自転車操業状態。

このような状況に日本国中がなっているのが現在なのです。

ということは、最終局面では、次世代商品や次世代ビジネスモデルを生まないことには、どうしようもない。**新しい成長カーブを描く起業家が出てこないとニッチもサッチもいかない。**

ミッションを軸に、ビジネス・商品は一瞬にして変わる!

一瞬にして、ぴかぴかのビジネスになる方法

広島・はなやの金山さんからの報告をご紹介しよう。金山さんは、街の写真店を経営している。

さて、あなたは、写真店についてどんなイメージを持っているだろうか？

私は、写真店というのは、正直、つまらない業界だなぁ、というイメージを持っていた。なぜならば、ビックカメラ、ヨドバシカメラというような大規模量販店に、お客はみんな流れてしまうから。

「プリント０円」という表示から見ても、ディスカウントはいき着くところまでいって、あとは価格と立地勝負だけ。もちろん、写真の消費量の高い、子どものいる家族や写真を趣味にしている人を対象にしたコミュニティを作りながら、お客を集めるという方法はあるが、単価は低いし……と、いまいちピンときていなかったのである。

ところが、私の「この業界は面白くない」という固定概念を打ち破り、一瞬にして、ぴかぴかのビジネスにしてしまったのが、金山さんである。「どんな業界にも突破口はある」ということを、ぜひ、学んでいただきたい。

金山さんは、ＮＰＯ法人の設立を申請した。ＮＰＯとは、非営利団体（ノン・プロフィット・オーガニゼーション）のことである。

私の第一印象は、「写真店がどうやってＮＰＯ法人を作るの？」だった。しかし、金山

コンテンツ・ビジネスを考えていたら

NPO法人を設立してしまいました。

結果、メンバーシップ・マーケティングになりました。

NPO っていったい何？と思われている方に簡単にご説明します。

—中略—

一部プロジェクトがスタートしていますが、予定通り2002年春法人化の予定です。

その活動はさまざまですが、以下の活動であることが必要です。

01. 保険、医療または福祉の増進を図る活動
02. 社会教育の推進を図る活動
03. 街づくりの推進を図る活動
04. 文化・芸術またはスポーツの振興を図る活動
05. 環境の保全を図る活動
06. 災害救援活動
07. 地域安全活動
08. 人権擁護または平和の推進を図る活動
09. 国際協力の活動
10. 子どもの健全育成を図る活動
11. 男女共同参画社会の形成の促進を図る活動
12. 1から11までの活動を行う団体の運営または活動に関する連絡、助言または援助の活動

（特定かつ多数のものの利益の増進に寄与することを目的とする活動であること）

資金￥0でシルバー産業への参入を可能にする方法

さて、申し遅れましたが、私は「写真家」です。

写真で社会に貢献できるのは「生涯学習」「環境問題」「心のバリアフリー」があります。現在、写真小売業においては用品の販売が思うように伸びていません。それには、さまざまな要因がありますが、撮影機会がないこととその結果、新しい用品を必要に感じないことがあります。また、デジタルカメラの普及によるフィルムやプリントの必要性がないことです。私（たち）がNPOを通じてやりたいことは、シニア層の取り込みをし、その全国規模での展開を考えております。シニア層の方がお金を使いたくないとき「年金は金額が決まっているので大事に使うからお金を使う余裕はない」と言われています。（以下略）

さんの説明を聞いて、こりゃすごいと興奮した。**写真家を育成し、郷土の自然を写真に残す活動をする非営利事業**をやろうというのである。

カメラを売るのではなく、写真家を育成する事業。カメラを売るのではなく、郷土の自然を写真に残すという事業……。これをやろうというのである。

この視点を持ったとたんに、今までのありきたりの写真店が、ぴかぴかのビジネスモデルに変わった。なぜなら、マスコミへの訴求効果もあるし、役所からのサポートも大きい。さらに、この事業を進めれば、写真好きのコミュニティを作ることに直結してくる。当然、写真を教える教室はできる、高いカメラは売れる、そして現像も扱える、その他の写真関連グッズも扱えるというように本業の利益にも直結してくる。しかも、このビジネスモデルでＦＣ展開的な動きをすれば、**一気に全国展開**できることになる。

ＮＰＯの法人設立法等については、ぜひ、専門家に聞いてほしいが、あなたに学んでいただきたいのは、ビジネスを通じて何かいいことをするという**大義名分があると、お客が支持**してくれるということである。お客は「この会社は胡散《うさん》くさいわね」と思っても、大義名分を持っている会社と、単なる利益目的の会社であれば、大義名分を持っている会社に集まるのである。

このように、今までの商品を販売するビジネスから、社会貢献を進めるビジネスという方針を打ち出すと、一瞬にして、**お客にとって共感しやすい**、魅力的な会社に変わることができる。そして一度、仕組みを作り上げてしまえば、同じ仕組みを全国に展開するのは比較的容易な作業である。

つまり、**一気に陳腐化した業界を活性化し、そのリーダーシップを握った会社が、業界地図を塗り替える**ことになる。

一瞬にして、ぴかぴかの商品にする方法

次の事例は、金山さんの事例に関連するが、ありきたりの商品を、**一瞬にしてぴかぴかの商品にする方法**である。酒造会社の司牡丹・竹村社長からのエントリーである。この事例はすべての面にわたって研究する必要がある。ミッションを持った商品を市場に投入する際、非常に役立つはずだ。

「日本を元気にする！」というミッションを、坂本龍馬を通して伝えている。酒の販売が一瞬にして、日本を元気にする尊い活動に変わってしまった。つまり、酒を売っているわ

「龍馬からの伝言」：司牡丹の「龍馬からの伝言」シリーズは2007年で終売となったが、2008年、単発商品としてリニューアル品を発売。2010年、ＮＨＫ大河ドラマ「龍馬伝」放映の影響で大ブレイクした。

神田昌典様

司牡丹酒造（株）社長・竹村明彦

「日本を元気にする」という壮大なミッションの商品を発売したら、スゴイことになっちゃいました！　神田先生ありがとう！

拝啓　いつもお世話になっております。
―中略―

これまでもニュースレターの発行やらなんやらと、いろいろ実践はしていたのですが、平成13年夏、これまで学んだ内容を駆使して新商品を作ってみようと思い立ちました。以前からあたためていた、坂本龍馬の手紙をモチーフにした日本酒を新発売することに決定。「*龍馬からの伝言」というシリーズ3商品です。ちなみに当社「司牡丹」は、司馬遼太郎著『竜馬がゆく』にも載っておりますが、坂本龍馬とは大変因縁深い関係にあります。しかしながら「龍馬」という商標は、残念ながら他社に取得されてしまっていました。

さて、1週間くらいアタマに汗をかきまくり、「PASONAの法則」を使った酒販店向けチラシ（A4判4ページ）と、「マスコミを味方にして無料で報道される方法」を使ったニュースリリース（A4判1ページ）が完成しました（別紙参照）。このアタマに汗をかいている最中に思いついたのが「商品にもミッションを与えてあげよう！」ということでした。なにせ幕末の英雄・坂本龍馬の直筆の手紙文字をラベルにした商品ですから、生半可なミッションじゃ龍馬が悲しむってもんです。ちょっと壮大すぎるかなあとも思いましたが、チラシのキャッチコピーの通りのミッションに決めました。
すなわち
「龍馬からの熱いメッセージとともに、
この酒が日本を元気にする！」です。

（以下略）

けではなく、日本を元気にするぞ、という元気を消費者に提供し、その元気の対価として、酒の料金を払ってもらうという仕組みである。

あなたに学んでいただきたい重要な点は、「日本を元気にする！」というミッションを、**一貫性を持って販売店に伝えた**ことである。「日本を元気にする！」と単なる標語で言っても、その気持ちは販売店に伝わらない。パッケージ販売ツール、ニュースレターにいたるまで、一貫性を持ったメッセージを伝達するようにすると、そこで初めてその思いが伝わることになる。

さらに、とくに販売店のメリットを大きく強調しているところに注目したい。「龍馬からの伝言」戦略モデル（売れる仕組み）という部分である。

通常、メーカーのパンフレットには製品品質の良さばかりを書いてしまう。それに対して、このDMは販売店が取り扱うメリットが前面に現れている。

この事例について、細かな点を見ていくと、改善点はいろいろとあるが、戦略がきちんとできているので、結果にはさほど影響を与えない。ただ、今後のためにコメントしておくと次の通りである。

商品内容　「龍馬からの伝言」シリーズ

現存する坂本龍馬の手紙の中から、現代の日本人に伝えたい、元気が湧き出してくるような言葉を抜粋し、酒名としてラベルにデザインします。

（1）司牡丹・本醸造原酒（720ml・1300円）

龍馬からの伝言

「日本を今一度せんたくいたし候」

（―中略―）

●「龍馬からの伝言」戦略モデル（売れる仕組み）

酒質

【一口飲んで「ウマイ！」と言える、インパクトがある香味】

低アルコール全盛の時代にあえて問う原酒タイプの3商品。世の中、ソフト化、低アル化等と言われていながら、同じ日本酒の割水タイプ（15度台）と原酒タイプを実際に消費者に試飲してもらうと、なんと実に7割以上の方（特に女性）が原酒タイプのほうがウマイと言いました！一種類の酒を大量に飲む時代が終わり、一口飲んで「ウマイ！」と言えるインパクトのある酒を少量、いろいろ楽しむというスタイルが主流になりつつある今、このような原酒タイプこそ、消費者の隠れたウォンツなのではないでしょうか。またこのタイプは、本来の土佐酒の伝統的なスタイル「骨太の辛口男酒」の典型。（以下略）

デザイン・ラベル・ネーミング・物語性

【パッと見て欲しいと思わせる】

土佐と言えば何と言っても坂本龍馬です。全国的に見ても歴史上の人物の中で最も人気の高いのが龍馬であり、若い人達にも人気があるのが大きな特徴です。今のような混沌とした時代だからこそ、龍馬の熱い言葉が生き生きと胸に響いてくるのではないでしょうか。とくに選ばれた3つのメッセージは、日本を元気にしてくれそうな言葉ばかり。「日本を今一度……」の言葉からは龍馬の「大志」が伝わってくるし、「何の志も……」の言葉は私たちを「叱咤激励」してくれ、「世の中の……」言葉からは龍馬の「気概」が伝わってきます。実物の書簡（以下略）

マーケットとプライス

【希少性と手頃な価格の両立】

何も大吟醸ばかりが希少な酒ではありません。限定生産、限定流通で希少性をあおり、かつ、その高い付加価値の割には手頃な求めやすい価格を実現しています。龍馬が脱藩時に詣ったという、高知市内の「和霊神社」神官にお祓いをしてもらったタンクの酒（3種類各タンク1本ずつ）のみを商品としており、そのことが希少性、高付加価値、話題性を生（以下略）

流通チャネル戦略

【明確な限定流通チャネル。蔵元と酒販店の協働】

流通ルートは高知県内と日本名門酒会のみに限定し、さらにその中から「戦略パートナー」（販売登録店）を限定募集。第一期戦略パートナー店は高知県内50店、日本名門酒会100店のみの募集です。商品自体はすべてメーカー直送。様々な情報やツール、セールストーク例等々も、直接パートナー（以下略）

販促

【マスコミ最大限活用。様々な価値の伝わるツールも準備】

マスコミを味方にして無料で報道される確率が非常に高くなるというマーケティング手法を駆使し、マスコミパブリシティを最大限うまく活用していきます。今後、様々なメディアに登場することになるでしょう。一般消費者、料飲店、酒販店向け等それぞれに、価値の伝わる（口コミの起こりやすい）ツールも随時投入していきます。また、商品1本（以下略）

以上、いかがでしょうか？　きっとご納得いただけたかと思います。

なお、本年度の「戦略パートナー店」募集締め切りは平成13年9月22日（土）となっておりますが、なにぶん商品数量が限られており、それ以前でも予定店数に達し次第締め切りとさせていただきます。また司牡丹にて厳正なる審査を経て、最終の「戦略パートナー店」を決定させていただきますので、その旨ご了承をお願い申し上げます。

「戦略パートナー店」の申し込み方法は簡単です！
当用紙最終面のお申し込み用紙で今すぐ！

①見出しは、相手のメリットを述べる

いきなり「商品内容」という見出しが出ているが、これはいけない。見出しとは、読み手に対するメリットを表現する場所である。だから、販売店に対するメリットを表現するように変更すべきである。

たとえば……

商品内容↓「貴店の集客力を高める、３つの商品タイプとは？」

「龍馬からの伝言」戦略モデル（売れる仕組み）↓「なぜ『龍馬からの伝言』でお客が集まるのか？」

酒質↓「一口飲んで〝ウマい！〟と言える、口コミになりやすい香味」

②マスコミで報道された履歴を掲載する

「マスコミにアプローチします」と言うだけでは不十分。証拠を見せる。

③オファーは写真入りで説明する

具体的には、ボトルに付ける小冊子の写真を掲載する（現状では、どんなものかイメージしにくい）。

④商品写真だけではなく、店頭に陳列された写真を掲載する
具体的な展示イメージを持たせ、棚取りに向けて行動させること。

⑤お客様の声
消費者からの味に関する声を入れる。

⑥なぜウマいのか？　の説明
お客は、坂本龍馬が好きでも、まずい酒は買わない。なぜ坂本龍馬の酒がウマいのか、直感的に分かる説明を、ラベルに付加する。

⑦パンフレットの出来は、反応率を上げない
内容はパンフレットとほぼ同じ文章でいいので、社長からの直筆の手紙を添える。

⑧申込書は、別紙にする
ファクス返信率が高まる。

⑨申込書の内容は分かりやすくすること

具体的には、戦略パートナーの義務関係がよく分からない。難しそうなので、申し込みに躊躇《ちゅうちょ》してしまう。だから営業マンが電話で内容をフォローするまで反応率は低かったはずだ。申込書の下に注意事項として、戦略パートナーの条件が書いてあるが、契約書のようで読む気がなくなる。この目的は、緊急性を出すことだけ。とすれば注意事項の内容は、もっと簡単でいい。

条件を切り出すときには、たとえば、次の表現を使う。

「なお『龍馬の伝言』は、すべての酒店にご提案している商品ではございません。私どもとしても、メーカーおよび販売店がともに成長できる起爆剤となるよう、広告費等の宣伝経費を投入していきます。そこでお取引は、信頼関係を高めながらお付き合いできる販売店に限定となりますので、あらかじめご理解ください。販売店としての要件は次の通りです。(以下略)」

⑩御用聞き電話トークを徹底する

電話セールスにおいては、「(資料を)ご覧になりましたか」と聞いてはいけない。「ご覧になりましたか」と聞くと、相手は、「はい」と返事できない。なぜなら、「はい」と答えたら、営業マンから売り込みされるからである。仮に、「ええ、見ました」と答えたら、「まぁ、面白いね」と続けるしかない。つまり**予定調和のごとく、営業における典型的な営業会話を続ける**ことになる。「ご覧になりましたか？」ではなく、単刀直入に要件を言う。「坂本龍馬を前面に打ち出した新しい酒の販売戦略パートナーの、お申し込み締め切りが○日ですが、御社はお申し込みされますか？」と聞けばいい。

⑪ニュースレターは、太字・アンダーラインを使って読みやすく

現在のニュースレターは、必要以上に文字が多いような印象を受けることになる。そこで、小見出し、太字、アンダーラインを付け加える。ニュースレターが効果を生んでくるまでには、数カ月かかるだろう。時間は若干かかるが、半年、1年経つと、信じられない効果を生む。

ミッションを軸としながらビジネスを展開すると、今までフツーのビジネス、商品が一瞬にして注目されるぴかぴかのブランドとなる。

ブランドとは結局のところ、その商品にどれだけのファンがいるかという話。ファンとは、どれだけその会社・商品哲学に共鳴できるかである。だから社長自身が、覚悟を決め

て哲学を語り始めないとならないのだろう。

複数の収入源をいかに作るか？

ノウハウを売る、という発想

一番手っ取り早いのが、社内で埋もれているノウハウをパッケージ化することである。たとえば、塗装販売会社であった福岡のある企業。要するに塗装を仕入れて販売している会社だったが、今までの塗装および販売ノウハウを「クイックペイント事業」としてパッケージ化した。そのために必要な機材や技術、集客方法をまとめたのである。

この軽板金・塗装という分野は、カーコンビニ倶楽部*というフランチャイズが伸びていることから分かるように、非常に急成長している分野である。先行する大手と差別化していくために、ポジショニングを私と一緒に考えた。クイックペイントといっても、普通の人は分からないので、高頻度・低価額で、新規客にアピールできるフロントエンド商品を考えた。

その結果、キズとヘコミがもっとも新規客が一番先に試すサービスであることが分かっ

カーコンビニ倶楽部：2000年創設の自動車板金修理のフランチャイズ。

たので、「キズ・ヘコミ110番」というネーミングを決定した。そして、鍵となるビジュアルを生かした、看板を作ったのである。

この会社は、全国100店以上の加盟店を確保することとなった。

塗装を売るという「モノを売る事業」から、「塗装を使って儲けさせる」という「ノウハウを売る事業」を展開した。そのとたんに、今までの数倍にもなる収益を生んだ。

あなたが知らないだけで、社内には、埋もれている現金資産がたくさんある。

社内で広告に使っている〝反応率の高いイラスト〟をイラスト集にして提供すれば、それもノウハウ。自社で提供しているニュースレターのひな型をデータで提供すれば、それもノウハウ。社員を円満にクビにする方法を提供すればそれもノウハウ。売上を上げる名刺、時間がかからないファイリングの方法……とにかく何でもノウハウになるのである。

そして、そのノウハウを販売することにより、本業を上回る収益が、数カ月で得られるかもしれないのだ。

もちろん、毎日、鯛焼きを焼き続けるのもいいよ。

「毎日、毎日、僕らは〜」

そのように歌いながら、鯛焼きで日本一になるという選択肢もある。が、もう1つの選択肢として、「鯛焼き屋が告白した、誰でもできる、行列の作り方101のテクニック~3日以内に行列ができなければ、返金します」というノウハウを提供する方法もあるのだ。

このような発想が、今までの何倍もの収益を生む。これは本業とバッティングするものではない。しかも、誰でもできるということに気づいていただきたい。

ビジネスモデル思考とは?

日経新聞に、ソフトバンクの孫正義社長のインタビュー記事*が掲載された。概要は「ADSLの黒字化に確信がある」というもの。

マーケティングの観点からすると、実に良く分かって経営をしている。実際に、ここまで自社のマーケティングについてクリアに説明できる会社社長は、上場企業にはあまりいないのではないか?

この記事の中の孫社長の言葉から、あなたが学べるレッスン・ポイントを挙げてみよう。

インタビュー記事:ソフトバンクが携帯事業に参入するのは2006年。インタビュー記事掲載当時の2003年はADSL(電話回線を使った高速インターネット接続サービス)加入者集めに邁進していた。

1．どのルートから顧客が何人来ているか？

加入者数が急速に伸びたソフトバンクのＡＤＳＬ。それは路面配布や利用料2カ月無料キャンペーンの効果ではないかと問われた孫社長の回答は……。

> 「路面配布は目立つかも知れないが、新規加入者獲得に占める割合は、家電店ルートやヤフーサイト経由が多い。テレビ広告の集中投下を考えたらコストは高くない。まず試して気に入ってもらい、それから本契約に移るという手法は、一％以下の低い解約率にも結びついている。」（２００２年12月7日付「日本経済新聞」）

「新規加入者獲得に占める割合は、家電店ルートやヤフーサイト経由が多い。」

これは孫氏が、自社の顧客がどこのルートから増えているかを知っているということである。

あなたは、自社のお客がどこから来ているのか、媒体ごと流通ごとに把握しているか？

2．媒体ごとの集客費用を把握しているか？

「テレビ広告の集中投下を考えたらコストは高くない。」

これも1と同様に、媒体ごとのCPOをきちんと把握しているということである。大手企業の99・9%は、こんなことを考えて広告をやっていない。

3. 媒体ごとの顧客の定着率、流出率を持っているか？

「まず試して気に入ってもらい、それから本契約に移るという手法は、1%以下の低い解約率にも結びついている。」

さらに孫氏は、媒体ごとの顧客定着率や流出率も押さえたうえで、媒体の選択を行っている。

4. フロントエンド・バックエンドの仕組みを設計したうえで、事業展開しているか？

同記事で、競争激化で黒字化が遅れる可能性について問われた孫社長……。

> 「加入者一人当たりの月間収入は一貫して上がっており、現在約四千円。ADSL収入を土台に、モデルのレンタル料、インターネット・プロトコル（IP）電話の通話料など複数のサービス利用料が上積みされている。それぞれの料金は安くても、合計は業界で最も高い。複数サービスを提供できる戦略で当初からシステム設計しており、

「他社にはすぐ真似できない。」

この発言は非常に学びが多い。とくに、それぞれの料金は安くても、合計は業界で最も高い、との発言。多くの経営者が、業界で安いということを自慢するのに、孫氏の場合には、業界で最も高いことを自慢している。当然のことながら、投資家は業界でもっとも高くても販売力があるビジネスの仕組みを評価する。

①あなたの会社で、それぞれの料金は安くても、合計は業界で最も高いようにする、ビジネスの仕組みはどうすれば築くことができるか？　それにはどのような方法があるのか？

②また、あなたの会社のシステムが、他社にすぐにはマネできないようにするには、どのような方法があるのか？

この2つの質問は、価千金。この質問について考えただけで、あなたのビジネスの仕組みが強化される。

5. 顧客獲得コスト、投資回収期間を知っているか?

さらに孫社長は、次のように語る。

「今後も法人向けサービス、無線LAN、テレビなどのサービスを広げ、一人当たり月間収入はさらに上がる。現在の加入者獲得費用は一人二万円だから、一人当たり月間収入が四千円なら五カ月で投資が回収できる計算だ。電気やガスなどのインフラ事業で、五カ月で資金回収できるモデルはざらにはない。」

孫社長は、顧客獲得コストをきちんと把握して、投資対費用効果で考えていることが分かる。これもダイレクト・マーケティングのプロの発言だ。

ほとんどの企業社長は、「御社の顧客獲得コストはいくらか?」と聞かれても答えることができない。また、ダイレクト・マーケティングのアマは、広告を出して儲かるか儲からないかという短期的な視点しかない。

ちなみに「ブロードバンドの加入者獲得費用は二万円」というのは、ソフトバンクというブランドがあるわりには、かなり高い。実践会の方法論を使えば、もっとその顧客獲得コストを引き下げることが可能だろう。

6. 戦略の修正が、定期的に行われているか？

> 「どんな思いで始めた事業であれ、漫然とやり続けるのではなく、その都度、方向修正をするのは当然だ。」

事業のめまぐるしい変化についていけない投資家もいるのでは？　との質問に、孫社長はそう答えた。

ほとんどの会社は、方向修正ができない。方向修正をすると、孫社長のように、顧客、社員、そしてマスコミから叩かれるからだ。叩かれるのが怖い。一時の顧客流出のために、決定ができない。しかし、**事業が次の段階に入るときには、社員も変われば、顧客も変わる**。逆に言えば、ジャック・ウェルチ*が言うように、毎年ボトムの5～10％の社員は入れ替えなければならない。私がさらにウェルチの言葉に付け加えるならば、社員同様にボトムの5～10％の顧客も入れ替えなければならない。それを恐れていては、次の段階に進めないのである。

ジャック・ウェルチ：アメリカのゼネラル・エレクトリック社のＣＥＯを務めた経営者。リストラやダウンサイジングを積極的に行う手法が経営難に悩む多くの経営者に影響を与えた。1999年、経済誌「フォーチュン」で「20世紀最高の経営者」に選ばれる。

株価は、マーケティング戦略だけで決まるのではなく、為替やＩＴ産業全体の動向に関わっているので予想できない。しかし数千億の企業規模で、実際にここまで現場の数字を把握していることを見るかぎり、ほかの経営者とは比較にならないくらいマーケティング能力があることが分かる。

この短い記事から、学べることは非常に多い。これがビジネスモデル思考、戦略思考と言われる思考法である。

儲からない企業は、儲かるか、儲からないか？　この単純な思考回路しかない。この思考回路で儲かる商売は、もはや売り逃げできる詐欺的な商品しかないと思っていい。孫氏は、儲かるビジネスモデルを選択している。

あなたは自分のビジネスモデルを説明できるか？

ビジネスモデルという言葉が氾濫《はんらん》しているが、その意味を説明できる人は少ない。この記事を読むと、いったいビジネスモデルとは何かということが実感できるのではないか？

商品を売ることの難しさ

成功に気づかないというリスク

さて次の相談は、60万円程度の活水器を、美容室に売り込む事例。

美容室で使う「水」についての問題点や商品開発の経緯、美容室の業務上の悩み等について書かれた長文のお手紙風DMを美容室に出している。

当初DMを300通出して、反応が2件。うち成約2件との結果。つまり1件あたり経費2万5500円で、60万円の売上。「これはすごい、うまくいく」と思ったところ、その後の結果は、以下の通り。

2回目DM200通　反応ゼロ
3回目DM200通　反応ゼロ
4回目DM200通　反応1件（現在、電話によるアフタフォロー中）

「どうしてうまくいかないのだろう、単なるビギナーズラックでは？」との質問だ。

まず、みなさんに判断してもらいたいのが、この数字を見て、「このＤＭは失敗だったか？」ということである。

累計すれば、現在まで９００通のＤＭ。それで成約２件。ＤＭ１通１７０円だから、経費合計は１７０円×９００通=15万３０００円。それで売上は２台売れているから１２０万円。もう１台売れたとすれば１８０万円。つまり利益が50％だとすると、15万３０００円を貯金すると、数カ月後には90万円になって返ってくるということ。

もう一度、聞こう。「このＤＭは失敗だったか？」

このように、今までの結果を分析してみると、反応率は低い。しかし投資対費用効果として考えれば、きわめて高いわけだ。とすれば、反応率はどれだけ意味があるのか？　別の銀行に行っても**反応率を預金通帳に記入するのではない。現金残高だけが、預金通帳に記入される**のである。

以上の統計をもとに、仮に１０００通のＤＭを出せば、60万円の器械が２台売れるとしよう。全国に10万店の美容室があるとする。そして10万店のうち、約２割の優良なところに絞って、ＤＭを送ることにする。すると２万店だから、40台の機会が数カ月内に売れることになる。売上として２４００万円である。もちろん２割の優良な美容室に絞ったのだから、反応率は2％より高くなることは十分予想できる。その場合、売上は何倍にもなる。

このような状況だったとき、さぁ、あなただったら、どうする？

このDM*を出せば出すほど、利益が上がる。つまり、**1000円札を持って行けば、5000円札と交換してくれる**という状態。「それじゃ、あと何枚、替えたいですか」と尋ねられたら、「そりゃ、できるだけ多く」という話だ。

すると、問題点はDMの反応率が低いということではない、問題点は、2万通のDMを出すために、**切手を貼る人員をどれだけ確保するか**である。現在、このような大変、恵まれた状況にいながら、それをやっていないのは2400万円の宝くじの当たり券を持っていながら、換金に行かないのと同じである。

しかも、換金するには、期限がある。これがおいしい市場だと分かると、同様の機能を持っている商品は、私の知っているかぎり、何種類もあるわけだから、ライバルが美容室に流れ込む。すると、この反応率が急速に下がり始める。つまり、「本当に」おいしい思いができるのは、1年ももたないことが多い。それだけ、現在は、チャンスの扉が開く時間が短くなっている。

DM：現在はこうしたDMに代わりネット広告が主要なマーケティングメディアになっているが、メカニズムはここで書かれている内容とほぼ同じ。一度収益を生むモデルができた途端、全国区で一気に広告展開できるようになる、テストマーケティングとして最適な媒体となっている。その後、郵送によるDMや新聞等の媒体に広告を広げることで、リスクを最小限にしながら売上を上げていくことができる。

それでも反応率にこだわる場合は?

しかし、どうしても反応率を上げたい、というのであれば、やることは2つある。

1つは、今まで**成約した2件に、共通する特徴があるかどうか**調べること。

ある程度以上の規模なのか? どういう問題点を抱えていたのか? それから、この活水器のフィルターを見ると、ファイルド・セラミックスを使っている。ファイルド商品というのは、美容室にかなり入り込んでいる。すると、成約した2件はファイルド商品をすでに愛用している可能性がある。つまり「ファイルド関連の商品だ」という理由だけで、購入しているかもしれない。もし、このような共通項が見えてきたら、DMの送り先を絞り込むことができる。どちらにしても、2割の先から8割の利益が得られるのだから、まずはその2割を見つけ出すことに注力する。

もう1つの方法は、DMパッケージを作り直す。DMパッケージの中に「この商品を使うメリットがある」という圧倒的な証拠を入れていく。その証拠の一部を挙げると、次の通り。

1. マスコミに報道された記事の切り抜き。
2. 公的試験場による、水質検査の検査表。

3. この器械を使うことにより、髪質が変化するのであれば、使用前・使用後の写真。
4. この器械を使うことにより、手荒れが改善するのであれば、使用前・使用後の写真。
5. お客さんのリピート率が増えるのであれば、その具体的な数字。または、お客さんの喜びの声。
6. 美容師さんの手荒れが改善するのであれば、美容師さんの喜びの声。

つまり、自分で「自分の商品は素晴らしい」というだけでは十分ではない。証拠がなければ、誰もあなたを信用しない。

有名な美容室で使われているのであれば、その店に協力を要請して、具体名を使わせてもらう。そして推薦状をもらう。それを得られるか得られないかで、反応率自体は、倍以上違っても不思議はない。

名前を使わせてもらうのだから、当然、お礼は必要でしょう。たとえば、売上の1％とすれば6000円。彼らにとってみれば、何もしなくても、労費のかからない6000円が手に入るのだから、きわめておいしい話。

「たしかに、有名美容室の名前を使わせてもらえたら、営業はやりやすいけど、許可を求めるのが面倒くさいなぁ」というかもしれない。ただ、これで反応率が倍になったら、2400万円の売上増だよ。どうする？

60万円の器械を無料で設置してもらうためには、以上の証拠が不可欠。すると、これだけ多くの説明は、初回のDMだけではできない。そこで、営業ステップをもう1段階増やす。具体的には、初回のアプローチは、A4判・1ページのファクスDM（もしくはB5判のハガキDM）とする。

見出しは、たとえば……

「○○美容室は、なぜ洗髪したときの仕上がりが違うのか？　そして美容師の手荒れが少ないのか？　特別レポートを近日中にお送りいたします」

本文には、冒頭に写真が4点、バーンと並ぶ。

1. 水道水で洗髪した際の、髪の写真。
2. この器械を使って洗髪した際の、髪の写真。
3. 通常の美容師の、手荒れの拡大写真。
4. ○○美容室の美容師の手荒れの拡大写真。

要するに、比較写真を見せる。

その後に、写真の説明を簡単に行ったあと、オファーを貴店に近日中に送る。

「このレポートは、『あまりにも効果がいいので、ほかの美容室にも知らせてあげたい』という、○○美容室様の厚意により、進呈させていただくことが可能になりました。

近日中に送りますが、あなた様に無断でお送りするのは、失礼となりますので、ご許可をいただき次第、送付させていただきます。次の送付承諾書にご記入後、ファクスにてご返信ください」

初回ＤＭの内容としては、以上の通りだ。

そして、このレポート請求者に詳しい資料を送って、その資料の中で、無料お試しを呼びかけるというステップにする。

資料では、価格についてまったく述べていないが、私であれば、価格も資料の中に入れる。いずれにせよ、「いくらなんだ」という話は出るし、価格が分からないまま無料モニターをするには、抵抗があろう。

ただ、60万円の価格が障害にならないように、６００万円くらいのものと比較する必要がある。

たとえば、「このまま放置しておくと、いずれにせよ、10年後には、店内の水道管から赤錆《あかさび》が出てくるので、その除去に、数百万円のコストがかかる。だから、そのコストが削減できると同時に今すぐお客さんの満足度を向上、さらに美容師の手荒れ防止ができる」と強調する（この部分は、真実かどうか分からないので、自分流に直してほしい）。

さらに付け加えれば、資料の中では、緊急性を出さなければならない。

緊急性をどうやって出すかであるが、たとえば……。

「このアクアセラピーは、すべての美容院にお奨めしているわけではありません。当然、差別化のために導入するのですから、優良な美容室に限らせていただいております。そこで、同一商圏内での導入件数を制限するために、御社が、営業をかけてほしくないという理美容店があった場合には、2店までご指定してください。そちらには、御社の利益を守るために営業はかけません。なお、先着順になりますので、他店導入された場合には、御社に販売できない場合もございますので、何卒ご容赦願います」

いずれにせよ、今回、第1回目のDMで成約が2件出たというのは、単なる幸運、ビギナーズラックではない。必然があって、チャンスだから、他社が市場に出てくる前に、実績を積んだほうが勝ち。

と同時に、今から美容院に販売できるほかの商品を積極的に開拓する必要がある。別に関連商品でなくてもＯＫ。美容室の専門データベースでもいい。要するに、「活水器を売ったあとは、何を売るか」を考えながら営業する。次の商品の場合は、新規開拓コストがゼロになるから、利益がそのままごっそり残る。数年後には、このバックエンド商品からの売上が、フロントエンド商品を大きく上回るようになる。

とにかく、**どんな商売でも、はじめの1台が売れるまでが難しい**。産みの苦しみは終わったわけだから、あとは前進あるのみ。がんばれ！

第4章

お客様をファンにして、口コミを起こす方法

〝最強の広告宣伝〟ともいえる「口コミ」。
インターネット全盛の現在でも、口コミでの効果的な集客は、
ビジネスパーソン誰もが望むところ。
本章では、実践会メンバーが実践した
「自動的に口コミを起こすメソッド」を集めました。

お客様をファンにする方法

Amazon.comのホスピタリティ

世界最大のインターネット書店、アマゾン。

この会社、本当にすごいと思う。インターネットをまったくやっていない会社でも絶対に注目すべき。なんでこの会社を紹介したくなったかといえば……。

1998年、アマゾンコムから小包が届いた。開けて見ると、マグカップと一緒に次の手紙が入っていた（訳・神田昌典）。

親愛なる友人へ

年末・年始の休みが近づいていますが、あなたのおかげで、**Amazon.com**にとって、1998年はとても刺激的な年になりました。この1年間で、私どもは、商品に音楽とビデオを加え、ドイツとイギリスに店を開きました。さらにホームページにかなりの改善を行い、あなた様のニーズを、よりスムーズに把握することができるようになりました。

お客様からのご指摘（山ほどいただいているんですよ）はとても貴重です。あなた様のお力添えなくしては、本当に、ここまで来れませんでした。

お礼に粗品を送りますので、ご笑納ください。特製の１９９９年版コーヒカップです（今年の引用はとくにイカしてると思うんだけど……）。

あなた様のご健康のためにお使いいただければ幸いです。

本当にいろいろとありがとうございました。ご家族・お友達とお過ごしになる年末・年始の休暇が楽しくありますように！

ジェフ・ベゾス
創設者・代表取締役会長
Amazon.com

この手紙には、やられた。しかも海外まで小包を送ってくる。こんなことをしている会社は見たことがない。

プレゼント自体は、大したものではない。しかしカップに印字してある「今年の引用句」

がいい。1つは、現代音楽家のジョン・ケージの言葉。

「僕は、どうして人が新しい発想を恐がるのかが分からない。僕は、古いほうが恐い」

もう1つは、ヘンリー・デイビッド・ソローの言葉。

「イマジネーションによって、世界は描かれる」

こうやって、会社にパーソナリティが出てくる。これが会社にとってのビジョンとミッションになってくるのだ。


この手紙の文章を読んでみるとお分かりいただけると思うが、けっしてうまい文章ではない。とても地球最大のブックストアの会社社長が書く文章とは思えない。どういうトーンなのかというと、要するに「話し言葉」なのだ。


会長なのに、会話調……こういう気取りのないところで、会社に対する愛着が出てくる。

私は、アマゾンコムに惚《ほ》れた。当時、この会社は創業してから5年くらいしか経っておらず、社長はまだ34歳だった。その後のアマゾンコムの飛躍的な成長については、説明するまでもないだろう。

ビジネスのコンテンツ化

キャラクタービジネスに学ぶ

土曜だというのに、朝6時に起きた。仕事のためではない。妻から頼まれて、朝7時までに、おもちゃ屋に行くためである。

「整理券をもらってきてほしいのよ」

「いったい、何の整理券？」

「子どもにベイブレード*を買ってあげたいのよ」

そのとき、初めて「ベイブレード」というおもちゃが流行《はや》っていることを知った。

整理券の配布は、午前8時からである。しかし、午前7時には並ばないと整理券すらもらえないらしい。

実際に、午前7時におもちゃ屋に行ってみると、すでに人だかり。

1時間並んだあげく、整理券をもらったが、番号は276番である。

1人2個までの限定販売で、600個しか入荷していないらしい。

実際の販売は、午前11時30分。それまでに店に行っていないとキャンセルを食らう。消

ベイブレード：2001～2002年頃、小学生の間でブームとなった現代版のベーゴマ。発売当初（1999年）からコミック誌で連載されていたベイブレードを題材とした漫画、2001年放映開始のアニメが人気となったことで、ブレイクした。

費者としては、屈辱的な体験。しかし、なぜか、苦労して手に入れたおもちゃを手に、大人も子どもも、「やっと手に入れた!」と歓声を上げている。

ベイブレードとは、要するに、現代版のベーゴマである。単純なものだが、こんなものが売れてしまう。しかも整理券を発行するほど。

私は、そのときに思った。実践会会員のビジネスでも整理券を発行できないかと。その条件はいったい、何か?

そこで、整理券を発行するビジネス、最近のキャラクタービジネスについて、調査してみた。

キャラクタービジネスを支える3要素

最近流行ったおもちゃ*には、ベイブレードのほか、遊戯王カード、ミニ四駆、そして、ポケモンがある。この流行にはすべて共通の戦略がある。そこでは、顧客獲得実践会が指導している内容が、きわめて整理されて展開されているといってもいい。整理券を発行するビジネスの条件を3つにまとめると、次の通りである。

1. 物語を伝える媒体(たとえば、ニュースレター)を発行する。その媒体を大量に配

最近流行ったおもちゃ:2003年当時のもの。

布する。
2．物語と商品を連動させる。商品は、「勝負」と「収集」を原則にする。
3．勝負イベントを開催する。

それでは、細かい点について、詳しく述べてみよう。

物語を伝える媒体

『ポケモンストーリー』によれば、ポケモンがブレイクしたのは、コミック誌『コロコロコミック』（小学館刊）が積極的に取り組み始めたからだ。ここにキャラクタービジネスの仕組みがあるのだが、小学館は、単にポケモンの漫画を掲載するというビジネスを展開しているのではない。

「連動企画で発売された商品からは、小学館にとっても、ロイヤルティ、手数料、著作権料等、さまざまなリターンがある」（『ポケモンストーリー』畠山けんじ／久保雅一著　日経BP社刊　189ページより）。

このように小学館にとっては、今までの雑誌販売および広告掲載からの収益だけでなく、その他の利益が莫大なものになった。

この仕組みは、キャラクター側にとっても、きわめて有効だった。ヒット商品を作り出す場合……。

「そのコストは、巨大メーカーが広告代理店を使って自社製品をヒット商品にする場合を考えれば、お話にならないほどの小額ですむ」（『ポケモンストーリー』190ページより）。

この雑誌媒体との連動企画による展開は、キャラクタービジネスにとってきわめて重要な戦略となっている。

お客を熱中させる物語のパターン

我々のビジネスにとっても、このことの持つ意味は大きい。つまり、物語を伝える媒体を確保できれば、お話にならないほど小額で、ヒット商品が作れるのである。

そこで、あなたに実行してもらいたいのが、まず物語を伝える媒体を持っているかどうかである。この媒体とは、もちろんニュースレターもしくは小冊子のことである。すでに会員の中には、ニュースレターを発行している会社が多くなっているが、あなたの商品を伝える際に、物語を使っているかどうかである。

商品を語る際の典型的な物語は、商品開発背景である。その物語を語る際には、「開発しようと思ったきっかけ（使命感）」「挫折」「ちょっとした成功」「あきらめようと思うほどの挫折」、そして「予想外の成功」というパターンを踏むこと。これは世の中すべての物語に共通する、強力なパターンであり、一度、このパターンに入り込むと、読者は集中して、その文章を読むことになる。

媒体を大量に配る方法

さて、物語を作ったら、次にこれを大量に配布する必要がある。大量に配布するには、大量のお客を抱えているところがターゲットになる。ポケモンの場合は、その媒体が『コロコロコミック』であり、販売ロイヤルティを得るという理由で、積極的にポケモンを取り上げることになった。

それは、あなたの会社も、『コロコロコミック』のような協力者を得ることはできないだろうか？　それができたら、あなたの都合のいい情報を、一気に伝えることができるようになる。

以前、全国で３００人の社労士をネットワークしている社労士にお会いした。彼は、中小企業のための助成金・補助金の手引きを発行している。しかも大量に発行しているが、自社で広告を出して配っているわけではない。顧客獲得に悩む信金や保険会社の営業マンの販促ツールとして、大量に配っているのである。すなわち、自社のパンフレットを、有料で買い取ってもらったあげく、流通させているわけである。このように、協力者を探す際には、相手の悩みを解決する方法として、あなたの媒体を利用してもらうということがポイントとなる。

商品は、勝負と収集を原則とする

これはキャラクタービジネスでは、定石になってきた戦略である。ポケモンでも、遊戯王でも、カードがあり、それで勝負をする。そして、勝ったほうが、カードを交換・収集する。これが口コミの源泉になっている。ベイブレードも同様で、勝負をして、駒を交換する。理由は分からないが、勝負と収集を繰り返すパターンは、流行になりやすいことが分かってきた。

考えてみれば実践会でも、この方式をすでにとっていた。社長のアカデミー賞という「勝負」があり、そして100万ドル札*を「収集」する。社長アカデミー賞は、私の予想以上に盛り上がった。「勝負」と「収集」の原則は、子どもだけではなく、大人にも当てはまるようだ。

沖縄の屋台ラーメン麺's では、スタンプカードのスタンプをためると、「ラーメン1級士」

100万ドル札：実践会で、事例をエントリーした人に配られていた偽札（ジョークグッズ）。事例の優劣により金額が決まった。

に認定される。そして、さらにスタンプをためると、次の段位に昇格する。段位が上がるごとに、お客の名前を手書きで書いた特性どんぶりが進呈される。そして、お客は、そのどんぶりを、家族全員分「収集」するために、スタンプをためることに積極的になる。

さて、あなたのビジネスには、どんな「勝負」があり、どんな「収集」アイテムがあるだろうか？

勝負イベントを開催する

時代は、明らかに、双方向に移行している。ひと昔前までは、漫画は読むもの。テレビは見るものだった。

ところが、現在は、テレビアニメがあれば、ゲームがあり、ゲームを通して自分が主人公になり、その物語に参加できる。さらに、全国規模で、ポケモンバトルや、ベイブレードのコンテストが開かれる。この勝負イベントがキャラクタービジネスでは、必須のものになっている。ベイブレードの整理券を配る際には、「コンテスト参加用」整理券と、「ベイブレード購入用」整理券の2種類が配られていた。この2種類が鍵で、そのような違いを設けられてしまうと、どうしてもコンテスト参加についても興味を持ってしまう。そして、コンテストに参加するほうが偉いような感じを受けてしまう。つまり、コンテストに参加するという欲求がめらめらと沸いてきてしまうのだ。

このようなイベントでは、ランクに応じてお客を差別することが重要である。
「ブルードア」「レッドドア」というテクニックがある。これはネットワーク販売のイベントで使われる手なのだが、説明会会場で、大部屋を2つの部屋に分ける。分ける際には、アコーディオンカーテンのような簡略な仕切りで分ける。目的は、隣の音が聞こえるようにするためである。

説明会に参加した人は、まずはブルーの部屋で説明を受ける。そして、説明が終わった段階で、次のような案内がされる。「それでは、メンバー登録をされる方は、お隣の部屋に移ってください」

隣の部屋では、さらに詳しいビジネスの仕組みが説明される。メンバーを歓迎するお祝いの歓声や笑い声で盛り上がっている。すると、メンバー登録を考えていない人でさえ、ただ単に、隣の部屋に行きたいという理由で、メンバー登録をしてしまう。

ポイントは、お客を差別するということだ。それも誰からも分かるように差別する。提供するサービスを変える。バッジの色を変える。名札の色を変える。入れる部屋を替える。

イベントの際に、ほんのちょっとでも差別をすることが、次の段階への欲求を高めることになる。

以上がキャラクタービジネスの核になっていることなのだが、これらの核は、これから成長を目指すどのビジネスでもはずせない重要項目である。

私がいつも強調しているのが、ビジネスのコンテンツ（情報）化である。

すべての傑出した人が志向する方向性は、結局は、同じで、それは、共感する情報を介したコミュニティ作りなのである。

「どうやって私は、自分のビジネスをコンテンツ化すればいいか」と悩む会員さんがいるが、答えは簡単である。今お話ししたことをやっていれば、自然にビジネスはコンテンツ化してしまうのだ。

つまり、情報を発信していれば、結果としてビジネスがコンテンツ化していく。それが現時点でもっとも確率が高いサクセスモデルである。

成約率の高い説明会の構築法

それでは、**成約率の高い説明会*の構築法**はどうなのだろう？　私は、成約率を飛躍的にアップさせる説明会開催方法として、次のステップを踏んでいる。

ステップ1

「この説明会を最後まで聞き続けるメリット」を表現する。すなわち、「この説明会が終わったときには、あなたは○○ができるようになっている」ということを、はじめに表現するのだ。そうして、「説明をすべて聞かないと損する」と思わせる。

ステップ2

〝つかみ〟として、説明会の冒頭は、徹底的に成功事例を説明する。「このような成功をしている」というイメージを与える。

ステップ3

説明会：いわゆる「商品説明会」に限らず、学習塾、会員組織等、サービスの説明会への集客がビジネスの成否を分ける業種は多い。

販売しようとする具体的な商品・サービスを説明する。

ステップ４

「ミッション」を話す。「なぜ私がこの事業に取り組んでいるのか」について、過去の失敗体験、苦労体験、および幼いときの体験を交えて話す。心の底から、純粋な気持ちで話す。演技は必要ない。まっさらな自分を出すようにする。

ステップ５

「緊急性」を強調する。「全員が加入できるわけではない」ことをここで説明する。「ミッションに共感してくれた人だけが加入してくれればいい」と強調する。

ステップ６

取ってもらいたい〝具体的な行動〟を説明する。その際には、あとで決めるのではなく、「仮登録でもいいから、今、ここで住所・氏名を書かせる」ことにする。とにかくどんな小さいことでもいいので、まず〝はじめの一歩〟を踏ませるわけである。

このような方式が、説明会における成約の秘訣である。まぁ、参考になるかどうか分からないが、私自身が、コンサルティングパートナーを採用した際には、それで成約率100%。同じステップで、加入金299～300万円のフランチャイズビジネスをやった場合には、成約率が80%程度だった。

考えてみれば、この説明会の方法論も実は、「PASONAの法則」*の応用編だよね。結局、人間の行動を起こさせるための方程式は同じだ。

あなたのファンを作る方法

なぜ私は一瞬にして中谷彰宏氏のファンになったか？

ダントツ企業実践オーディオセミナー*に、あの中谷彰宏氏が登場してくれることになった。書店へ行くと中谷氏の著作があふれている。ビジネス書のみならず、彼は小説も書けば、画集も描く。社会現象に関しても評論し、さらにはテレビ出演、演劇もやろうという大変な人物である。

今回、私はいっさい面識がない中で、彼にコンタクトした。今のところアシスタントを

PASONAの法則：セールスレター、チラシ等の広告文章を書く際のテクニック。第5章で詳しくご紹介しています。
ダントツ企業実践オーディオセミナー：神田昌典が毎月発行しているオーディオセミナーCD。

介するだけなので、彼とはひと言も交わしていない。しかし……私はすでに彼のファンになってしまった。一瞬のうちに、である。

いったい、どうすれば、一瞬にしてファンを作れるか？　あなたのビジネスでも、お客を一瞬にして、あなたの会社のファンにしたくないだろうか？

彼が、私をファンに変えたきっかけは、これである。彼にコンタクトした3日後には、次のものが送られてきた。

・手書きのハガキ「かねてからお会いしたいと思っていました」と書かれている
・手ぬぐい2枚
・画集『会う人みんな神様』中谷彰宏著
・さらに1冊の著作本『大人のホテル』
・すべてがリボンで包まれている

おいおい、彼は超ビジーな人なはずだぞ。そんな人が、手書きのレターを送ってくる？　そのギャップに圧倒された。

実をいうと、この〝ギャップ体験〟をした人は私だけではない。私の友人が、彼の著作で取材したことがある。その際も、彼から直接、アポは入る。さらに彼に連絡すると、彼からの気のきいたコメント付きで、返事がきたそうだ。そして、ファクスは、全部手書き。手書きのハガキ・ファクスおよびプレゼントがこれほどまでに効果的なのは、彼がすでに〝ブランド〟だからである。

しかし、誰にとっても、見習うべきことが多い。それを整理すると、次の5つである。

1．スピード

さすがに「スピード」*シリーズのビジネス書を書いているだけに、スピードが圧倒的に速い。これだけスピードを重視する姿勢、そして、それを実践するエネルギーは、驚嘆である。これを我々がやるためには、新しい人と接触を持った際には、何をすべきかということを決めておく必要がある。

あなたは、新しい人と接触した際には、何をするのか、決めているか？

2．下手でもいいから、手書きで連絡

ハガキの字を見ると、けっして上手な字ではない（画集を見ると、本当はすごくうまい）。

しかし、ポイントは、字のうまい下手ではなく、手書きであること。そして、対象者に関

「スピード」シリーズ：ダイヤモンド社から発行されていた中谷彰宏氏の著書には『スピード人脈術』『大人のスピード勉強法』等、タイトルに〝スピード〟を冠したシリーズがある。

連のある一文が入っているかどうかだ。

3. 期待させない

彼が一瞬にしてファンを作ることができる理由は、彼が有名人であるにもかかわらず、見知らぬ他人を友人のように扱っているからである（彼は、会った人はみんな神様である、と言っている）。彼に会う人は有名人に、ここまでの期待をしていない。

ということは、あなたができることは、まず自分に対する期待を落としておく。そして、その期待を超える対応をするということである。

4. 意外な一面を見せる

彼は画集を入れてきた。私が感じたことは、「この人には、かなわんな」ということだ。すなわち、一流であると認められている以外の分野についても、そこそこの結果を見せられると、その人に対する評価が一瞬にして高まるのである。

ビートたけしが映画監督をやる、片岡鶴太郎が画家になる、同じ理屈である。その瞬間に、周りはあなたを違うレベルに見る。

5. 謙虚な面と、アロガントな面の融合

アロガント（高慢）であることは、世の中は否定的に見る。しかし実のところ、自分の専門分野については、アロガントになる必要がある。いったん、その分野を離れて、日常の交流をしたとたん、きわめて謙虚な態度を取る。このギャップは、周りを驚嘆させる。たとえば、世界的に有名なソプラノ歌手ジェシー・ノーマンは、ニューヨークのメトロポリタン劇場から帰宅するときに、普通のタクシーに乗る。しかも自分で手を挙げてタクシーを拾う。このエピソードは、永遠に口コミされ続けている。

さて以上、ブランドだからこそ、1つひとつの行動が効果を生むとも考えられよう。しかし、実践会の方法論は、あなたを、そしてあなたのビジネスをブランドにする方法である。中谷彰宏氏のエッセンスをどう使うか？　あなたも実践してみよう。

「ファン＝信者客作り」で、高粗利ビジネスに転換

酒店を経営する会員さんから次の質問をいただいたので、回答しよう。

質問：「商品粗利のアップの仕方が知りたいです。現在販売している商品の利幅が少ない

ので（値引きしなくてよい地酒で2～2割5分、ワインで3割、ビールは最悪で1割少々。これでも高いと言われています）、ニュースレターを発行することで少しくらい結果が出ても、ペイしません。でも今は開き直って、お客様の数を増やすことを考えて（費用対効果は見ないようにして）がんばってます。

利幅の少しいい商品（3～5割取れる食品）、ひもの、レトルトカレーなどの扱いを始めました。

しかしながら、まだまだ利益が出ません。こんな悩みを抱えている会員さんもきっと多いと思うのですが、高利益商品の選び方、作り方（元請けの考え方）などが、もう1つピンときません」

ニュースレターを発行すると、どんなことが起こるかといえば、まずはお客からあなたに対する愛着が生まれるようになる。

実は、面白いことに、どんなに酷《ひど》い人物が、どんなに酷いニュースレターを作っても、それに好意的に反応する人は出てくる。だから商売的にはニューレターはうまく書くことが目的なのでなく、出すだけでいい。

質問に対する直接的な答えではないが、ちょっと面白いことなので、なぜニュースレターを発行するのかについて、キワドイ話をしよう。

情報を発信していると、自分のレベルに合ったお客が集まってくる。そのお客は、こちらが紹介したものを購入して、「あぁ、これを買ってよかった」と思えば、徐々に、こちらが勧めるものは何でも買うという客層になってくる。これは顧客リスト中の5～10％の範囲内で存在する。

この顧客層を英語では「ハイパーレスポンシブ」と言う。日本語では**「信者客」**だ。

安定した経営とは、この信者客のパーセンテージを、できるだけ10％に近づけること。そして、信者客の数と商品構成が、そのビジネス自体が生むキャッシュの量を決める。

信者客というのは、実に面白い行動をする。

ちょっと誤解されるかもしれないが、非常にいい例なので、実践会のケースで説明しよう。私のセミナーは、一瞬にして満席になることが多い。そして、私がいいと言った情報は、内容を見ないで、買う人も多い。

毎月私のニュースレターが送られてくると、本文を読む以前に、「なんか広告がないか」と、商品を探し、広告が見つかったら、内容も金額も見ないで、住所と名前を書いて申し込む……という会員が一定の率でいる。なぜなら、私がそのような行動をするように、トレーニングしてきたからだ。

先日、ある会員制クラブを開始した友人と話したときに、彼女が次のように言っていた。

友人「いゃ〜、DMを初めて出したのよ。そしたら、私の以前からのクライアントは、反応が遅いのよ。でも神田さんの関係者（実践会会員）は、とにかく反応が早い。手紙が着くか着かないかで、もう返信してくるんだから。私は、昔からのクライアントに怒ったわよ。あんたたち遅いから、もう席ないわよって」

神田「そりゃ、そーですよ。うちの会員は、すぐ反応するようにトレーニングされていますから」

「そーか、神田は、私のことをトレーニングしているのか！　自分のことを、そんな犬のような存在に見ているのか！　なんて酷いヤツだ」

と思われるかもしれない。そうして私のことを嫌って、やめていった会員も何人もいる。それは会員さんの自由なのだが、質問をくれた会員さんにここで勉強してほしいのは、「お客はトレーニングするものだ」という考え方なのだ。

小阪裕司先生は、このことを〝マスター〟*と言っている。つまり、店主がマスターであり、お客は弟子という考え方だ。そうすることで、あなたは、お客に新しい世界を見せることができるわけ。新しい世界を経験することに、お客は自分の稼いだ金を使う。これが商取引の本質だ。

「かっぱえびせんの法則」

それでは、どうすれば自動的に自分の商品に反応してもらえるか？

それには、相手が期待した以上の商品価値を、3回続けて提供すればいい。

期待した以上の商品価値が3回続けば、お客は自動的に反応するようになる。3回やれば、どんな冷淡なお客でも、提供される商品、そして販売者を信用するということになる。

やめられない、とまらない……これを私は、**「かっぱえびせんの法則」**と呼んでいる。

これは単純なメカニズム。例外はない。たとえば、詐欺師が普通の安い目薬を、別の容器に入れ替え、「目が良くなる新薬です」だと偽って2万円で販売しても、広告に反応した2～3%の人は、買ってしまうのである。さらに詐欺師が、「高いけど、もっと効果のある目薬がありますよ」と言って、さらに高い商品を販売すると、その高い商品を買う人

マスター：「師匠」という意味。喫茶店や飲み屋のマスターとは、ちょっと使われ方が違う。

がたくさん現れてくるのが現実。

どんな実態のない商品でも、ある一定の率のお客は、お金を支払ったというだけで、自分の行動・決定を正当化するという事実がある。自分の行動を正当化しなければならないので、どんな酷い商品でも「いい商品だ」と思い込む。

このような心理的なメカニズムがあるので、宗教団体が高い壺や屏風を販売できてしまう。このように商売というのは、単純なメカニズムなので、詐欺の目薬でも仕組みができてしまうと、莫大に儲かってしまう。

恐ろしいですねぇ。怖いですねぇ。

これで儲かって、それが自分の実力だと勘違いすると早死にするんですねぇ。

実践！　小売店がビジネスを進化させる法

お客は「お金を受け取ってくれる人」を探している

会員さんからの質問に話を戻すと、現在、この会員さんはニュースレターを発行することによって、すでに影響力を持ち始めている。「○○さんの言うものだったら、確かなのだろう」と、自動的に思うお客ができ始めている。お客が自ら、この酒店から買う商品を探している。

しかし、この酒店が提供していない。だから儲からない。逆に言えば、解決策は簡単。お客はすでに信者化しつつあるのだから、単価の高い商品、粗利の高い商品を商品構成に取り入れれば、〝儲からない〟ことは、ビジネスシステム上、不可能なわけだ。

実践会で有名なひもの屋さん「じじや」の秋武さんも同様な問題を抱えていた。秋武氏はものすごい才能の持ち主で、感性の部分でこの人に勝てる人は、まぁあまりいない。お客もじじやのファンで、とにかく、「じじやのひもの以外は、魚ではない」と思い込んでいる人が何人もいる。しかし、単価が低いので、儲からんのです。

そこで、「早く高い商品を売りなさい」と言っているのだが、1袋数百円のいわしせんべいなんかを売ってしまう（ちなみに、秋武さんはやっと周囲のアドバイスを実行に移し、年末はふぐ刺し、ふぐ鍋を売るそうです）。

先の酒店が「ビールの粗利が少ないので、レトルトカレーを販売しようと思う」というのと同じだ。極端な話、信者化されたお客は、こちらがいいと言えば、住宅でも買ってしまうかもしれない。レトルトカレーを販売したときには、粗利数十円だが、住宅販売したときの粗利は数百万円だ（紹介手数料だけだとしても、数十万円はもらえるでしょう）。

しかし、なぜ安い商品を販売する人は、安い商品ばかり販売し続けるのだろうか？

一般的に言って、自分が若いときに販売した商品の価格帯が、その後、仕事を変わったときにも付きまとうのだ。つまり宝石を売っていた人は、高い商品を販売するのに抵抗がない。しかし、雑貨などはバカらしくて売れない。雑貨を販売していた人は、高額商品は売るのが面倒くさくて売る気になれない。

私の場合には、以前、販売していた電子レンジが1万円、冷蔵庫の価格帯が10万円、高級機種で24万円なので、なんと現在、コンサルタントをやっていても、同じ価格帯が付きまとう。そのほかの価格を付けることには、かなりの心理的抵抗があります。

まぁ、私の場合は、それで十分なのだから、これ以上、高くても面倒が増えるだけだ。が、酒店やひもの店の場合には、高い利益率・利益額の商品を商品構成に入れておかないと、ビジネスが不安定になる。

販売する商品の価格帯が変えられないというのは、多くの場合、セルフイメージの問題だ。「こんなに粗利を取ったら、ボロ儲けじゃないかぁ」「こんな高いお金をお客から取ったら、迷惑をかけるんじゃないかぁ」と思ってはいないだろうか？

「高く売る、儲けるのは悪徳商売」であり、「自分はいいものを、安く売る、正直・誠実な商売人だ」というイメージが邪魔をしている。

しかし、お客は「お金を受け取ってくれる人」を探しているのだ。だからそのお金を受け取ってあげればいいわけだ。それだけの価値を提供しようとしているのだから。

酒屋さんが変わるには？

さて、以上は小難しい話だが、具体的に何をやったらいいか？　質問主の酒店が取り得る方法のうち、いくつかの例を挙げよう。

①食に関係する成長産業と関わる。

酒屋さんであれば、食に関係する商材は展開しやすい。その中でも、今後成長する分野を手がけていくと良いだろう。

たとえば、お惣菜（中食）、商品の宅配、高級な野菜・食材の宅配。宅配については、これから定年を迎える団塊世代にターゲットを絞っていく。オリジン弁当が上場していることからも分かるが、中食といわれる分野は成長分野で、宅配と組み合わせることにより、まだまだ成長する分野。酒屋さんは、以前から醤油や味噌を届けていたというイメージがあるので、宅配は有利だ。最近、こだわり味噌の訪問販売が再び営業を活発にしている。玄関前で、味噌汁を味見してもらうことによって、定期宅配につなげていく営業法だ。このバックエンドは、健康食品で固めていく。同じことが酒屋にとっては簡単にできる。

②自然食品・健康関連商材を販売する。単価５０００円くらいから始め、その後、徐々に高いものも扱い始める。

レトルトカレーの販売を始めたということだが、それよりは自然食品・健康関連商材を集めたほうが良いだろう。自分で使ってみて、本当に気に入ったものを販売してみてください。

その際には、先ほど話したように、徐々にお客をトレーニングしていく必要がある。たとえば、今まで数百円のビールを売っていた会社が、いきなり30万円の遠赤外線サウナを売り始めたら、既存客は流出する。

またネットワークの商品を手がける会社も多いが、私は推薦しない。まずネットワークの商品を扱っているだけで、「あそこは、マルチをやっているのよ」と周囲から陰口を叩かれ、既存客が流出するからだ。しかも、ネットワーク商品は健康食品のわりには粗利率が低い。同じ健康食品であれば、何もネットワークの商品をわざわざ選ぶ必要があるのか？

というのが私の意見だ。

酒屋さんであれば、健康に良い水や自然食品から入っていって、それから徐々に健康食品を扱う。健康食品や化粧品は1回の購買単価が軽く1万円を超える。きちんとマーケティングをやっていれば、リピート性が高い。しかも使い切ることがないという永続性のある商品。零細企業にとっては、キャッシュを蓄積できる非常にいい商品だ。

③情報集約型ビジネスに参入する。

ニュースレターを書き続けていくと、そのニュースレターを全国の酒販店に販売できる可能性が出てくる。また酒についての情報を発信していると、それが思わぬ商売のネタになっていくことがある。

1つの例としては、会員さんのワイン専門店が販売するワインには、すべてに「ワインひと言メモ」が添付されている、ということがある。そのメモを読んでからお客がワインを飲むとどうなるのか？　ワインの味が分からない人も、ワインがおいしく感じられる。すると販売リピート性が高まるわけだ。

そのひと言メモが数百枚もあるのだから、かなりのノウハウだ。ひと言メモ、および、その活用成功事例レポートを会員制として、ほかの酒販店に販売したら、かなり粗利の高いビジネスとなる。つまり文章を書きためることが、情報集約型企業への第一歩となる。

いゃ～、いろいろな方法があって、商売は、本当に楽しいですねぇ。ピンときたら試してみましょう。試してみることに失敗はありません。

同業他社と大きく差をつけた実践報告

新規出店の際に、ライバルと大きく差をつける方法がある。ある学習塾から寄せられた報告だが、同業の学習塾に比べ、1年遅れて参入したにもかかわらず、2倍の生徒数を集客する実績となっている。まずは、報告をじっくり読んでみてほしい。

この実績報告のポイントをまとめると、次の4つとなる。

第一に**「お客を買う」**という発想である。

自分に対して、次の質問をしてみてほしい。お客を無料で買えるのであれば、いったい何人欲しいだろうか。

当然のことながら、答えは、「何人でも欲しい」ということになる。

しかし多くの会社は、このことが理解できない。初回の取引から利益を得ないことには、納得しないということなのだ。

ここが、うだつのあがらない会社と成功する会社の分かれ道となる。

この学習塾は、新規出店した際に、「モニター学生は、授業料を半額」という特典を用意した。この特典に対して、社員は猛反対した。なぜならば、まったく利益にならないからだ。

ところが、ダイレクト・レスポンス・マーケティングの原則に従えば、利益0円となったところで、まったく問題がない。集まった生徒の存在によって、ほかの生徒が入塾しやすくなる。友人の紹介も得られる。さらには、兄弟も入会するからだ。

ところが、この単純な計算が、社員はできない。

「お客を買う」という発想。実践会の会員の中でも、過去1〜2年間に、規模が数倍に伸びたところは、ほぼすべてといってもいいほど、この発想で商売をしている。そして、拙著『口コミ伝染病』（フォレスト出版刊）でも書いた通り、このようにお客を、比較的安い価格で買える時期というのは、いつまでも続くわけではない。幸運の扉が開くのは、ほんの一瞬である。だから、ペイできる仕組みが見えたら、一気にやらなければならない。

ある学習塾の実践

①1カ月の無料体験学習

②成績保証制度

・3カ月以内に成績の向上が見られない場合は授業料全額返却
※対象入塾者約50名中、返却要求1名（ただし現在も通塾中）

③カラーチラシの廃止

・メッセージ色の強い1色の自社作成のチラシに変更
※経費が約6分の1に。反応は諸条件があり比較しにくいが、実感としては3倍以上。それまではチラシで来る生徒などは期待せず、挨拶代わりと思っていましたが、手作りにしてからはチラシを見て来塾する方が結構います。

④21日間感動プログラム*

・手書きサンキューレター、入塾記念品、TEL訪問

⑤ニュースレター発行

⑥小冊子作成

⑦販促グッズ作成

・夏＝うちわ（単価150円）　冬＝塾生の写真付きオリジナルカレンダー（単価約100円）、合格消しゴム（単価40円）
※うちわは塾生が学校へ持っていって大好評。

⑧教室美化の徹底

・掃除、絵画を飾る、観葉植物設置、授業風景の写真の掲示、募集のぼり

21日間感動プログラム：顧客流出を防ぎ、リピート顧客を増やすためのテクニック。「商品購入後の21日間に3回以上顧客に接触（電話、手紙等で）することで、相手はこちらにロイヤルティ（愛着）を感じる」というもの。

次のポイントは**「紹介促進」**だ。

一般的に業界では、「学習塾は紹介が得にくい」と言われている。なぜなら「いい塾を友達に教えると、自分のライバルが増えるから」というのが理由らしい。

この理論が当てはまるならば、すべての業界は、紹介が得にくいといってもいい。エステは「自分がきれいなのは、エステに行ったからと知られたくない」。レストランは「人気になると、自分が入れなくなるから、友達に教えたくない」。実践会は「この方法がみんなに知れわたると、ライバルが増えるから、教えたくない」等々。

ところが、紹介が得にくいと思われていても、紹介を促進する方法を考え出すと、いろいろアイデアが出てくる。そして実践すると、実際に紹介率が上がるから不思議なものだ。最近の例としては、生徒さんの名刺を作って生徒さんに配ってあげる。また、今回の報告で挙げられているように、うちわを作ってあげると、生徒が学校に持って行くので口コミになる。

多くの会社は、仕掛けを考えて、紹介キャンペーンをすれば、紹介が得られると考える。しかし、それは最後の仕上げであって、それ以前に、お客が自発的に紹介したくなる土台を作っておかなければならない。その土台というのは、**紹介依頼の前振り**である。この前振りを、多くの会社は忘れてしまう。この学習塾の報告では、「入塾後、お役に立つ塾だと思われたらお友達をご紹介ください」と、紹介の前振りをタイミングよくしているから、紹介特典がなくても紹介してもらえる。

重要なのは、この前振りのタイミングである。入塾するのは、1人では寂しい。だから仲のいい友達を誘いたい。このタイミングをはずすと、紹介キャンペーンも効果が薄れる。仕掛け重視で、「お友達を紹介ください。紹介してくれた方には、授業料を半額バックします」と特典を付ければ紹介してくれると思うのは、早合点。紹介依頼するタイミングを間違えると思ったほどの効果が出ない。

「お客様の声」を拾うのにも、タイミングがある。レストランでは、お腹がいっぱいになったとき、すなわち、デザートを出すタイミングのほうが、お腹が減っているときよりも、お客のアンケート記入率が高い。ちょっと考えれば、当たり前のことだ。

あなたの会社では、いつが紹介依頼の、理想的タイミングとなるか？

できるだけ多く考え出し、優先順位を振ってみよう。

あなたの商品を、お客がしゃべりたくなるのは、いつ？
タイミングを３つ挙げてみよう。

1（　　　　　　　　　　　　）
2（　　　　　　　　　　　　）
3（　　　　　　　　　　　　）

3つ目のポイントは**「足し算のパワー」**だ。

「ある1つのことをやり続ければ、いつかはお客が集まる」と考えるのは間違いだ。多くの会社は「うちの商品は素晴らしい。しかも安い」と言い続ければ、お客が集まると考える。ところがこれは、**失敗一直線の方程式**である。

学習塾において、最近のチラシを分析すると、圧倒的な自信を表現して、そのうえで、高飛車なアプローチをとるのが成功パターンだ。

つまり、圧倒的な商品優位性＋高飛車なアプローチ＝高い反応率となる。この場合、圧倒的な商品優位性＋「ぜひ、お願いします」＝低い反応率となるから気をつけよう。簡単な足し算なのだが、非常に効果的だ。

このように方程式を持ち込むことによって、強力なパワーを得る方法は、もう1つある。胡散くさい表現＋圧倒的な証拠＝高い反応率という公式だ。

たとえば、本のタイトルとして『あなたの会社が90日で儲かる！』というのは、いかにも胡散くさい。しかし「成功事例１２０社」という圧倒的な証拠を付け加えると、反応率が高くなる。

胡散くさい表現＋圧倒的証拠は、車の両輪。どちらか1つだけだとうまくいかない。しかし、たいていの会社はインパクトのある表現だけに注力し、そして証拠をまったく挙げないために、〝単なる胡散くさい会社〟になってしまう。

このようにお客の気持ちを動かすというのは、1つのテクニックだけを使えばいいということではなく、足し算を考えるのが重要だ。

4番目のポイントは**「総力戦のパワー」**だ。

学習塾が実践した活動のリストを、もう一度見てみよう。これだけの数の顧客獲得活動をやっているのに対して、同業他社は、お客を獲得する活動は、びっくりするほど行っていない。お客を獲得する代わりに、どうでもいい事務的な仕事を、毎日繰り返している。だから、業績が悪くて当たり前なのである。

これだけ**大量の実践**をするには、どうすればいいか？

その鍵は、1つひとつを完璧にやらないことである。すべてを完璧にやろうとすると、1つもできない。極端な話、「21日間感動プログラム」も「ニュースレター」も、１００

点満点のものをやる必要はさらさらない。完璧にできないからと何もしないよりも、とにかく、やってみるほうがいい。

理由は単純。ライバルは、やっていないから0点。あなたは、やって10点しか取れなくても、ライバルよりは優れている。つまり、やったもの勝ちなのである。

質より量。実践量を増やせば、成功しないことが不可能となる。

クレームがうれしくなる魔法の言葉

電話回線の取次業務を行う会社・パスメディアの主藤さんは、自身のビジネスを2年間で7倍くらい拡大させた、高成長、高収益企業の社長である。

主藤さんは「ひと言で、世の中の見方を変えること」をやってのけている。

苦情への対処方法だ。お客からのクレームの電話を、**「ラッキーコール」と呼び換える**ことによって、まったく意味合いの違うものにしてしまった。

苦情は、社員のモチベーションをダウンさせ、経営にとって致命的なことになりかねない。この会社は、苦情対応については、以前から神経をとがらせていた。

苦情は嫌なものだが、それは組織を成長させる直接的な原動力になっている。問題がない組織は発展しない。問題がない組織は、徐々に崩壊し始める。

混沌《こんとん》も同じ役割を果たす。秩序立った組織は、硬直し、そして衰退し始める。そこで、意図的に混沌を組織に投入することが必要となる。

このように問題も混沌も非常に重要な役割があるのだが、一般的には、多くの人が「問題はいけない」「クレームはいけない」、そして「混沌は罪である」という認識を持っている。問題に対する社員の見方がマイナスだと、社員のモチベーションが低下する。また問題解決に対するモチベーションが高いとすると、その社員は原因追及に走り、チームワークを阻害することになる。

だからクレーム対応、問題処理についても、マイナス評価をプラスに転じるネガティビティ・トランスファーの必要性が生じる。

そのため、私は自社社員を守るために「クレージー1％」という言葉を作った。要するに、気が狂ったような、非常識な対応をするお客は、必ず全顧客の1％いる、ということ。だから、そういうお客は、顧客リストに入れてはいけない。なぜなら、その1％のお客は、99％のお客に必ず迷惑をかけるからである。すると、優良客には迷惑をかけてしまう。そ

送信者：パスメディア主藤
宛　先：神田昌典様

うちの会社はNTTの電話回線の取次業務を行っておりますが、クレームが1日3～5件くらい発生します。内容はほとんどが「電話機のつけ方がわからない」「開通の日になったけど電話がつながらない」など、お客様の勘違いや説明書を読んでいないことで発生することがほとんどです。もちろん、それ以外に商品やサービスに関するクレームもあります。

そういった状況で、社員のみんなはどうしてもクレーム電話に対応することに億劫になっていました。そこで、10月からクレームのことを「ラッキーコール」と呼ぶようにしました。その意図は、クレーム処理は自分が成長するためにとてもラッキーな機会であるからです。


―中略―


現在幹部になっている者もすべてクレーム処理を経験してきておりますので、それまで専任が処理していたものを、全員持ち回りで処理するようにもしました。ちなみに弊社スタッフの平均年齢は22歳です（最年少は19歳の大学生）。

それと、これは評価が非常に難しかったのですが、このラッキーコールを業績評価のポイントとして換算し、点数として評価していくようにもしました。

通常、私たちは電話で注文を受け付けており、その注文やアップセールスにて販売できたオプション商品などをすべて粗利からポイントを策定し、毎月ポイント制にて表彰しております。そのポイントにラッキーコールの処理件数と内容の難易度によるポイントを加味するようにしました。


私が見ている限り、呼び名の変更もポイント評価もとてもいい結果が出ていると思います。呼び名のほうは、クレームと言っていたときは「あー、またぁ」という雰囲気がありました。簡単に解決できるものであっても非常にナイーブになっていましたが、今は「ラッキーがきたよ」と言って、おどけながら処理できております。当然、処理する人の口調も楽しそうに感じます。そうすると、簡単に処理できますし、お客様にも喜ばれます。

また、今年の春からクレーム処理の電話はすべて録音し、それをみんなで聞きながら定期的に討論するようになったことも、みんなの成長に貢献していると思います。（以下略）

こで、その**非常識なお客は〝お引き取り願う〟**ことが重要なのである。

とはいうものの、そのクレージーな１％の意見には耳を傾ける。なぜなら、この１％のクレージーな意見を参考にして改善策を取ると、残り99％の満足度を急速に引き上げるからだ。それでクレージー１％ボックスというのを作って、そこに、クレームを入れるようにする。これが、私の事務所での対応だった。

主藤さんが発案した「ラッキーコールは」、このクレージー１％の上を行く、大変素晴らしいアイデアである。〝クレーム〟という、ネガティブな印象を与える言葉をポジティブに変更してしまったのだ。クレームがあれば「ラッキーコールがありました」と社員に報告させるのである。すると、クレームをもらうたびに、プラスに考えることができるというわけである。

言葉ひとつが、大変な力を持つのだ。

クレームほど、エネルギーを奪うものはない。にもかかわらず、多くの会社では、クレームに対して、積極的な対応ができない。このマイナスのエネルギーをプラスに転化する、魔法のひと言、それが「ラッキーコール」だった。この呼び名にしただけで、会社がクレームを成長のためのエネルギーとして効果的に活用することができるようになる。大変素晴らしいアイデアだ。

お客を紹介してもらうには？

喜んで紹介してくれるなら？

営業マンが、お客から紹介を獲得する場合には、いったい、どうすればいいのか？

多くの会社では、「紹介営業が大事だ」「お客に紹介をお願いしろ」と営業マンにハッパをかける。ところがあなたもご存じの通り、「どなたか紹介してくれませんか？」と頼むのは、嫌われる営業マンへ一直線である。

営業マンの側としても、お客に会うたびに、「紹介してくれませんか？」と頼むというのは、自尊心が傷つく。正直「やりたくない」というのが本音だろう。このように、ダレカレかまわず紹介を依頼するのは、お客から嫌われる。そのため、なかなか紹介依頼のトークを切り出すことができない。

ところが、お客に抵抗なく、紹介を依頼する方法があったら、どうだろう？　その結果、お客がお客を、喜んで紹介してくれる方法があったら？

実は、紹介をスムーズにする、誰も知らないポイントがあるのだ。そのポイントをあなただけに、こっそりと教えることにしよう。

お客が紹介したくなるタイミングを捉える

あなたの会社が、お客に紹介依頼をしたとする。お客は、あなたの会社が迷惑・強引な営業を行えば、友達を失うという大きなリスクを抱えることになる。だから、お客は購入した商品・サービスに満足し、そして、あなたの会社を１２０％信頼していないかぎり、友達を紹介することはない。

逆に考えれば、購入した商品・サービスに満足し、あなたの会社を１２０％信頼するタイミングを狙えば、紹介効率は良くなるはずである。そこで、紹介を依頼するタイミングは、あなたの会社を信頼する瞬間……つまり「購買直後」になる。

購入直後は、欲しかったものをやっと手に入れた瞬間であるから、気分が高揚している。そのうれしさを伝えるために、友達を紹介したくなるわけだ。

だが、その後、そのうれしさは急速に削減する。多くの会社は、お客が紹介したいタイミングに、紹介依頼をしない。そして、お客がどうでもよくなったときに、紹介依頼をする。だから、嫌われる。

住宅工務店を例にとって考えてみよう。

住宅を建てるときで、もっとも満足度が高い時期は、契約時である。しぶしぶ契約する人はいない。一生の夢が実現するのだ。もっとも気分が高揚している。そこで、このタイミングを狙えば、紹介が獲得しやすいはずである。

しかし問題は、契約の際に、「紹介してください」と言われて、お客はパッと〝紹介できる友達〟の名前が思い浮かぶか……ということである。自分が住宅を契約した際に、友達をパッと紹介できない、ということを考えても分かるように、お客は、家を建てる友達を探すという検索プロセスに入ってからしばらくしないと、とても具体名が思い浮かばないだろう。

だから、まずすべきことは、お客に紹介依頼することではなく、検索プロセスに入ってもらうことなのだ。

この検索プロセスが一番、機能しやすいのは、住宅を契約してから、そして完成するまでの間である。なぜなら購買途中というのが、お客にとって、住宅の建築についてしゃべりたくてしようがない期間なのである。「いやぁ、いよいよ建てるのか？」なんて聞かれれば、しゃべりまくること受け合いだ。延々しゃべりまくって、友達が「うちも実は、今、建て替えしようと思っているんだ」なんて言われたら、「紹介してあげようか？」という展開になる可能性が高い。つまり、購入期間中が、もっとも紹介効率がいいことになる。

実際にアメリカでは、購買前、購買途中、購買後の3つの段階で紹介が起こる率をそれぞれ計測してみると、購買前、購買後のタイミングよりも、購買途中の紹介率が約8割高いという結果がある。

つまり、購買途中というのは、その購買対象となっている商品について、常に関心を持っている。その結果、その商品について友達と話題になることが多い。常にアンテナが張られているから、同じような商品を購買する友達がいることをキャッチしやすいわけだ。

住宅の場合、引き渡しが近づくと、逆に、不信感が芽生え始める。「工事が進んでいない」「報告がない」「打ち合わせした内容と違う」等々。すると、お客の満足度・信頼感は、急速に萎《しぼ》んでくる。

テレビＣＭだと、「お父さん、ありがとう！」という情景が映出されるが、現実は異なる。「お父さんが、ちゃんと打ち合わせしないから、こんなんなっちゃったのよ！」と家族から怒られる。これが悲しい現実。そこで、購入後に、「紹介してください」と頼まれても、「何を今さら。誰がするもんか！」ということになるのだ。

期待値のマネジメント

紹介獲得にとって、購買後に満足度を落とすことは致命的となる。これを回避するためには、期待値マネジメントをしっかりやっておく必要がある。つまり、起こりうるリスクを事前に説明しておくのだ。「何でもかんでも、すべてうまくいきます」とやったら、お客の期待が高まりすぎて、結局、不満タラタラになる。

どんな優秀な会社でも、問題は起こる。だから重要なことは、問題を起こさないことではなく、問題が起こることを明確に説明して、その対応策を事前にお客に了承してもらうことである。つまり医者のインフォームドコンセント*を行うのである。

手術の前に、患者に説明する……。

「我々は、最善の努力をするけれども、問題が起こる可能性がゼロとは言えない。万が一、問題が起こったときには、対応措置を取る準備をしている。繰り返すが、最善の努力はするが、問題が起こる可能性があることはご了承いただけますね」

このようにインフォームドコンセントを行うと、患者は、「先生、よろしくお願いします」と頭を下げる。ところが、「いや〜、大船に乗った気分でいてください」と言っておきながら、あとで「申し訳ない、緊急病棟へ運ばれることになりました」となったら、患者の家族は医者に罵《ば》詈《り》雑言《ぞうごん》を浴びせることだろう。

インフォームドコンセント：医師側が治療の方針や手段（施術、投薬等）を十分に説明し、患者側からの合意を得ること。

いいことばかり約束するのでは、お客の期待を超える満足を提供することができない。それよりは、お客の期待をマネジメントする。悪いことは事前に伝えておいて、そして、期待を超える満足を提供する。インフォームドコンセントを行うことにより、顧客の満足度を高めることができる。

紹介の前振りを行う

紹介が購買途中で起こる可能性が高いことを考えると、紹介は、契約時に依頼するのがベストということになる。

ところが、契約時に「紹介してくれ」と頼んでも、それじゃ「〇〇さんを紹介しましょう」とスムーズには紹介は得られない。お客にも、紹介する客を見つける時間が必要なのである。

そこで、今すぐ紹介をしてくれ、と頼むのではなく、紹介してくれるように「前振り」をしておく。

たとえば、契約したときに、このようなトークを行う。

「実は、お願いがあるのですが……〇〇様もご存じの通り、私どもの会社は、価格に上乗せされることになる広告宣伝をできるだけしないで、信頼されるお客様からのご紹介で成り立っております。そこで、〇〇様が私どもの仕事にご満足された場合には、お友達に、私どもの会社を、ご紹介いただけませんでしょうか？」

このように依頼されても、お客はけっして嫌な気分がしない。なぜなら、お客は「自分を満足させなければ、紹介が得られない。だから、この会社は、自分を満足させるために一生懸命やるだろう」と思うからである。

さらに、お客には、一貫性の法則という心理学の法則が働く。一度、「いいよ、紹介してあげよう」と約束したものについては、それを実行しようという意思が働くのだ。すると、「あの人、リフォームを検討しているんだって」と情報が自然に入ってくるようになる。これは〝車を買おう〟と思ったとたんに、車のチラシや広告が目に入り出すのと同じである。

実際に紹介をいただくのは、商品を受け渡すときになる。この場合、すでに前振りをしているために、営業マンとしても、紹介依頼を切り出しやすい。

たとえば、次のようなトークになる。

営業マン「いかがです、ご満足いただけましたでしょうか？」
お客　「いやぁ〜、本当にいいものを作っていただきました。ありがとうございましたぁ」
営業マン「ご契約のときに、お願いさせていただいた件なんですけど、お友達をご紹介いただけますか？」

このように直接的に聞きにくければ、次のように言ってもいい。

営業マン「ご契約のときに、お願いさせていただいた件ですが、お知り合いにリフォームを検討されている方はいらっしゃいますか？」

ぜひ、試していただきたい。

紹介する友達を特定するために、周りから絞り込んでいくテクニック

「紹介してください」と頼んでも、紹介が得られない……その大きな理由は、「タイミングの間違い」、そして「前振りの欠如」ということはお分かりいただいたと思う。
さらに、紹介が得られない理由としては、単純にお客が「どんな人を紹介していいのか、

分からない」という理由がある。

たとえば、保険の営業マンが、紹介依頼する場合を考えよう。

営業マン「それでは、以前お願いした件なのですが、お知り合いで、保険の加入を検討されている方をご紹介願えませんか？」

お客　「あぁ、そういう人がいたら、電話しますよ」

しかし、二度と電話はかかってこない。

これは営業マンに、「保険の加入を検討している人を探せばいいんだよ」と指示するのに等しい。つまり、営業マンにとっても難しい依頼を、お客にお願いしているわけだ。

そこで、この依頼を簡単にするためには、お客に、加入を検討している人を紹介させるのではなく、加入をしやすい見込客の探し方を教えてあげるのである。

たとえば、次のようなトークを使う。

営業マン「〇〇様が資産形成法について、お話しされる方はいらっしゃいますか？」

お客　　　「えぇ、いますね」
営業マン　「それはどなたですか？」
お客　　　「△△さんと××さんですね」
営業マン　「△△さんと××さんは、私どものサービスをお知りになったら、お喜びになっていただけると思いますか？」
お客　　　「えぇ」
営業マン　「もし差しつかえなければ、ご紹介いただけますか？」

このように、〝紹介してもらう〟のではなく、〝見込客を探す方法を教えてあげる〟のだ。この場合、見込客は、保険に加入したい人ではなく、「資産形成法についてよく話をする人」になっている。そのように周辺から特定の人を明確化していく方法がある。

紹介効率をアップするために

さて、以上のプロセスを、あなたの会社で応用するためには、次の質問に答えてほしい。

1. あなたの会社で、お客が「もっともうれしいとき」は、いつか？　それは、購入前、購入中、購入後のうちの、どれだろうか？

2. 紹介依頼の前振りをする場合には、どのタイミングで行ったらいいか？　そのときは、前述のトークを、どのように自社向けに変更したらいいのか？

3. あなたの商品を購入するお客を、お客に探させるのと、見込客を教えてもらうのと、自分の会社では、どちらがやりやすいか？

「社長」は、口コミの発信源である

以前、実践会のニュースレターで、事例として、司牡丹の日本を元気にする酒を掲載した。私はあまり酒には詳しくないのであるが、それでもレストランに行ってメニューを見ると、司牡丹の酒が目に付くようになった。そして、レストランに司牡丹やハクレイ酒蔵の酒がないと、この店は、たいしたことはないな、というように酒で店を判断してしまうようになった。

またある実践会の社長は、レストランに行くたびに、「今度、司牡丹では、日本を元気にする酒というのを出したんだよね」と料理人に話す。すると「よくご存じですね」と、料理人から、かなりの食通であると思われる。けっして悪い気分ではない。情報があれば、話したくなる。

このように口コミが伝染して、ブランドが築かれる。

そして、口コミを起こすうえで、「社長」と呼ばれる人の影響力は大きい。

そもそも「石を投げれば社長に当たる」というほど、社長の人数は多い。そして社長は、しゃべらなくてはならない職業である。朝礼では社員全員に向かって話さなければならない。

社長というのは、口コミの源泉として非常に大きな役割を果たしている。酒のように、社長自らが消費する商品でなくても……たとえば、Tシャツのようなものですら、社長がきっかけとなって口コミになる場合がある。口コミというのは、女子高生や女性が源泉となっているような考えがある。それはけっして間違いではないのであるが、女性の口コミはなかなかコントロールできない。それに対して、**社長は単純。一番、予測、予想ができる口コミ媒体**だ。

ステュー・レオナルズの成功事例から学べること

世界でもっとも坪効率がいい小売店へ潜入！

１９９９年、アメリカに1週間ほど行ってきた。そもそもの目的は、姉の結婚式に出席するためだったのだが、いゃ〜、仕事の面でも大収穫。さっそく、その結果をお伝えしよう。

牛乳パックや、卵ケースの型をした人形が、機械仕掛けで動きながら、音楽を演奏している……あの有名なテーマパークのアトラクションにありそうだ……。

いったい、何の話かというと、ステュー・レオナルズというスーパーマーケットの店内の話（http://www.stewleonards.com/）。

２３８ページの写真のような人形が、動線が折れるところ（つまり人の流れが変わるところ）に設置されている。しかも、遠くからも見えるように天井の近く、商品陳列の棚の上に設置されているのだ。

このスーパーには、本当に度肝を抜かされた。わざわざこのスーパーに出かけて行ったのは、アメリカに行く前に、ワクワク系マーケティングの小阪先生から、こう言われたか

Ⓒ Stew Leonard's

らだ。

小阪先生「ニューヨークに行くんだったら、ステュー・レオナルズっていう店を見て来てくれませんか？　世界一、坪効率がいい小売店なんだけど、すごいらしいですよ」

私「どうすごいんですか？」

小阪先生「まず店に入ると、ドーンと石碑がある。その石碑には、何が書かれているかといえば、その店のポリシーが書いてある。**内容は「ルールその1．お客様は常に正しい！　ルールその2．万が一、お客様が間違っていると感じたら、ルールその1をもう一度、読むこと！」**

© Stew Leonard's

そのことを聞いたときに、あぁ、あのトム・ピーターズ*が『経営破壊』という本で紹介していた店だな、とピーンときた。

そのときは、イトーヨーカドーをおしゃれにして、徹底した顧客サービスをやっているスーパーじゃないかな、というくらいの期待しかなかった。しかし、その期待は、車を降りた瞬間に、見事に打ち砕かれてしまった。「ガーンと頭をハンマーで殴られるというのは、こーゆーことだったのか」と、旅の疲れが一気に吹っ飛んだ。

動物園があるスーパー

どういうところがすごかったのかと

トム・ピーターズ：アメリカの経営コンサルタント。ちなみに『トム・ピーターズの経営破壊』（阪急コミュニケーションズ刊）のカバーは、ピーターズが上半身は背広にネクタイ、下半身はパンツ一丁というフザけたものだった（中身はもちろん真面目）。

© Stew Leonard's

言えば、なんと動物園があるのだ。車を降りたところに。アヒルがいる。お父さんと子どもが、牛にエサをあげている。つまり奥さんが買い物をしている間、ここで子どもが遊んでいることもできるわけ。

まぁ、こういうふうに動物を使うと、うがって考える人は、「動物で、お客を釣っているんだな」と思う。ちなみに、私もそう思った。

しかし、その横に看板があって、どうしてこの動物園ができたのか、**ウンチクが書いてある**んですよ。内容は、ちょっと忘れてしまったけど、「1967年の○月に、お客さんの○○さんが、自分の農場で年を取った牛を、子どもたちのために提供してくれた」とかいう物語だったと思う。

これを見たとたんに、うがった見方が吹き飛ばされた。「わぁ、この動物園は、お客さんとのコミュニケーションの中で、生まれたんだな」と感じたわけ。

この店には、お客さんとコミュニティがある。

お客とのコミュニティ……これはきわめて重要。「お客様の声が重要だ」って話は、もう耳にタコができるほど聞いたと思うけど、それがなぜかっていうと、お客が、コミュニティを感じるからだと思うんですよ。

コミュニティがあることを感じると、人は安心する。そして、そのコミュニティがワクワクして面白そうだと、そのコミュニティに参加したくなる。

私なんか、この動物園を見たとたん、スチュー・レオナルズこそ私のスーパーであり、**そのほかのスーパーに行く人間は、バカじゃないか**、と思えるくらいのファンになっちゃった。

磁石のように、店内へ引き寄せられる

さて、動物園があったことも、驚いたけど。ここは全体の雰囲気がまたいい。

ちょうどハロウィーンの頃だったから、かぼちゃが店先で山となって飾られている。ア

メリカのハロウィーンっていうのは、大きなかぼちゃをくり抜いておばけの顔を作り、それを飾るっていう変な習慣があって、それで、みんなかぼちゃを買うわけなんだけど、日本のかぼちゃと違って、オレンジ色*をしている。すると、このオレンジ色した、かぼちゃに近づきたくなる。

私なんかいつも「いったいどういう色のDMや、チラシが反応が高いか」っていうことを、考えるわけでしょう？　すると、ピンクや、オレンジや黄色などの暖色系が反応いいということになるんだけど、やっぱお店でも、同じことが当てはまるようだ。

まぁ、ステュー・レオナルズって店を見ていると、ダイレクト・マーケティングが、こう三次元的に活用できるのかっていうことに気づかされる。

まず色彩で引きつけるでしょ。そして山と積まれているものがあると、そこで人だかりができる。人だかりっていうのは、引力を持っているから、そこに行きたくなる。さらに人が集まる。すると、そこに店への入り口がある。

う〜ん、こりゃ、ずいぶん計算されている。

それでさ、中に入るでしょ。すると、先ほど紹介した石碑が立っている。ドーンと。**この重量感**。これで圧倒されるわけでしょ。しかも、これが別に、真剣に、重々しく書いてあるわけじゃない。標語の字体も、丸みを帯びていて、冗談ぽく書かれているわけ。それ

オレンジ色：今では日本でもすっかり「ハロウィーンといえばオレンジ色のカボチャ」で定着。

が、ホッとさせる。

スーパーは、工場をモチーフとした劇場

店内はどうかというと、これがまたスーパーの常識を超えちゃっている。そもそも日本のスーパーっていうと（まぁ、もとをたどれば、アメリカのスーパーのマネなんだろうけど）、入り口の近くに野菜が置いてあるよね。誰もが買うものでお客を引きつけて、そして店に導入していくという手法。

つまり必需品が、まず入り口にあるわけ。そして贅沢《ぜいたく》品、肉や魚。デザート類っていうのは、なぜか動線の最後のほうにある。そしてコーナー、コーナーで、売る工夫をしていくわけです。

しかし、このステュー・レオナルズは、まったく逆。

まず入ると、ケーキとかパンとか売っているのね。しかも〝売っている〟ようには見えない。圧倒されて覚えていないけど、たぶん、商品はほとんど並んでいなかった。**商品の代わりに、何が見えたかっていうと、それは、工場なんです**。パンを作っている工場。職人さんが、ペッタンペッタンと小麦粉を叩いている。パン生地を切って、オーブンに入れている作業場が、目の前に広がっている。これ、見ているだけで楽しいわけね。

つまり、焼き立てパンを売っているわけだけど、その規模がとにかくでかいからね。想像してみてほしい。この焼き立てパンや、パイを作る風景。それから、その作り上げる音。さらに、おいしそう。この雰囲気になると、食べたくなっちゃうわけですわ。さらに、その奥には、なんとガラス張りの牛乳工場がある。牛乳が次から次へと、カートンの中に入れられ、封をされる。この牛乳は、プライベートブランド*だから、店に並べられるまでが見られるんですわ。

このお店では、プライベートブランドがよく売れるらしいんだよね。何でかって聞いたら、「新鮮な感じがする」って言ってた。そりゃ、スーパーの中に牛乳工場があれば、新鮮な感じがしますわな。

このように、まず入り口で、私は圧倒されました。何もかも欲しくなって、食べたくなってしまうので、カゴの中にポンポンといろんなものが投げ込まれる。

あぁ、カゴで思い出したけど、この**カゴというのが、特大サイズ**。アメリカでも特大だそうだ。普通のサイズより、ひと回り大きい。ほんとに、これだけ買う人がいるのかいなっていう大きさ。これもこのスーパーの特注サイズらしい。

プライベートブランド：今では日本でもよくあります（セブン-イレブンの「セブンプレミアム」シリーズとか）。大手小売店や卸が独自に企画・販売する商品。ＰＢと略されている。

© Stew Leonard's

不評だけど顧客が集まる仕組み

それから、特筆すべきだと思ったのは、このスーパー、**動線が1つしかない**んです。どういうことかっていうと、一度、入ると最後まで、一定のコースしか進めない。そう、まさに遊園地のアトラクションだ。

しかも、カゴが大きい。つまり、前の人を追い越すことができないわけですよ。これじゃ、目的買いができない。だから買い手にとって不便だ、と思うでしょう。たしかに、便利じゃない。

便利じゃないけど、楽しいんです。

ここで、冒頭に紹介したエンターテイメントの人形が生きてくる。この人形のパフォーマンスは、必ずコーナーで行われている。つまり、一定方向の動線でも、お客が飽きないように、この人形が、案内役をつとめているわけね。

こりゃ、ダイレクト・マーケティングの小売店版。お客が、動線のどの部分で、滞留時間がどのくらいで、どのくらいの反応率で、カゴに特定商品を入れるかっていう計算ができているんだと思う。このように直線的に、動線を設計した場合、購買率の計測は難しくない。つまり科学的に、売上の計測ができるようになるでしょう。これが、ノウハウの集積になっているんじゃないだろうか？

こんなコンセプトの店、初めて見た。これは各売り場売り場で、お客に消費を最大にさせる工夫がされているわけでしょ。だからこそ、坪効率が世界一になっちゃうんだと思う。

実はこの店は、必要なもの、要するに、野菜は最後のほうに用意してあるよね。すると、野菜だけを買いたい常連客は、なかなか野菜の棚に行けない。そこでかなり不満を感じていたという。「これじゃ、買いにくいから、そのうち、お客が流出するだろう」って思われていたらしい。

しかし、現実は、お客が飽きるどころではない。不思議なことに**この店のお客は、満足はしていないが、常にお客が戻って来ている**。

実は、こんな会話をアメリカ人の義兄とした。

兄「駐車場の車のナンバーを見ると、面白いよ。ナンバープレートの州がバラバラ。週末になると、周りの州からも集まってくるんだよ。それで、地元の人は、週末はこんな混んでるから、ほかの店に行くんだよね」

私「でも、お母さんは、ここへ買い物に来るわけでしょ？　だいたい、月に何回くらい来るわけ？」

兄「週に3回くらいかな」

私「えっ、混雑していて、買い物に時間がかかって、文句言ってるのに、何で週に3回も買い物に来るの？」

兄「うん、新鮮な魚や肉があるから、買いに来るんだと思うよ」

しかし、これを聞いて思うんだけど、お客っていうのは、**お客が集まるところに集まる**わけなんだよね。もちろん、地元の人は週末を避けるけど、それはディズニーランドの周辺の人が、週末を避けるのと同じ理由。

つまり、おいしいレストランには、空いているときに出かけたくなるということと同じじゃない。一般消費者が満足していないのに、なぜ週3回もここで買い物をしているのか、明確に理解しているわけじゃない。ただ足を運んでしまう。

うちの姉にいたっては、「あそこ行くと、犬が大喜びするから」という理由で行くんだよね。なぜ犬が喜ぶかっていうと、ステュー・レオナルズでは、**徹底的に、試食サンプル**を配っている。なんか、そのサンプルを犬が拾って食べる。だからステュー・レオナルズに行くことが分かると、犬が大喜びするらしい。

これは、恐るべしスーパーだ。人間だけではなく、犬までも、ファンにするスーパーとは！

今すぐ使える、ショッピング・バッグ作戦

もちろん、犬だけでなく、人間もファンにする。とくに、素晴らしいアイデアだと思ったのが、ショッピング・バッグの利用。レジの前には、大きな掲示板があった。そこに、お客の写真が、何百枚も貼ってある。いったい何の写真かというと、「世界のステュー・レオナルズ」って書いてある。

そこで、１枚１枚の写真を見ると、お客が、世界各国の前で、ステュー・レオナルズの紙袋を持って、家族とかと写っている（ステュー・レオナルズホームページからFUN&ACTIVITYタグのBAG'S AROUND THE WORLDで見ることができる）。

私なんか、急に愛国心が出てきて、日本はないか、なんて目を皿のようにして探した。すると、やっぱ富士山のところにステュー・レオナルズの紙袋を持った学生がいるわけで

すよ。こりゃ、うれしいね。

さらに、どうしてこの「世界のステュー・レオナルズ」が、始まったのか……その由来が、書いてあるわけですよ。「○年に、○○にお住まいの○○さんが、この掲示板に、紙袋を持った写真を貼ったことがきっかけに、多くのお客さんが競って貼るようになった」なんてことが書いてあったと思う。

私は、これを見て、口があんぐり。しばし、呆然《ぼうぜん》としていた。徹底しているね。この店に来てしまうと、1回でファンになる。

まぁ、日本では、このステュー・レオナルズは、ほとんど知られていない。日本じゃ、今もって、ウォルマートがベストだと思っているからね。アメリカじゃ、ウォルマートっていうのは、正直、あまりいいイメージで見られていない。あそこは、低所得者層が行く店と考えられている。


それで、この店を見て、どういう感想を持つのか？　まぁ、典型的な感想は、「アメリカではうまくいくかもしれないけど、こんな店は、日本の小売店には、まったく参考にならんな」ということでしょう。実は、一緒に行った、小売店経営者の私の父親も、「まったく参考にならん」と言っていた。

うーん。

まぁ、ガクッときましたが、これが、一般的な見方だと思う。アメリカでも、このステュー・レオナルズっていう形態は、当初は「多くの店には参考にならん」って言われていた。ところが小売業としては、何十年間も、効率トップにある。

もちろん、表面だけ見れば、ステュー・レオナルズを日本に持ってきたってうまくいかない。しかし、応用できるところっていうのは、エンターテイメント性。消費者は、モノを買うんじゃなくて、家族で楽しみながら買い物をする瞬間に、お金を払っていることに気づけば、応用はどんどんできる。

モノを他店と同じように並べているだけじゃ、価格はどんどん下がる。そして、ほかより安く売ることが競争要因になるでしょう。しかし、それは量販店にまかせておけばいい。ものを売るんじゃなく、買い物が楽しいという体験を売る。この消費の根源をご理解いただきたいと思う。

それじゃ、日本じゃ、どうなのか？

このステュー・レオナルズからは、大変、多くのヒントが得られるとは思う。

とはいうものの、やっぱりアメリカの事例だし、身近に感じられないかもしれない。そこで、日本のステュー・レオナルズをご紹介しよう。

それは、日本を代表するワクワク系のひもの屋、あの「じじや」さん。
「アメリカではうまくいくかもしれないけれど、日本の小売店には、まったく参考にならんね」という意見をぶっ飛ばす、実践例だ。

まずステュー・レオナルズの石碑に当たるのが、「おいしいじじやの楽しみかた」という、店頭に貼られた〝注意書き〟だ。

「じじやは、冷やかしのお客様が大好きです。次のような手順で、お楽しみください。今すぐ中へ！！」
一　「ほお〜、じじやか、面白い名前だのう」と云って中に入る。
二　「なんか、干物屋か！　うまそうやのー」と云ってとりあえず試食をする。
　（注）試食をする前に商品を見てはいけない！
三　おいしかったら、商品を見て、じじやの人々に「これ何？」と聞く。
　（注）「うまい！」の言葉を忘れずに発言すること。まずかったら……黙って立ちさる。
めでたし・めでたし・
今日からあなたも「じじらー」の仲間入りです。

この張り紙の中に、大変なノウハウが集約されている。その証拠に、この張り紙を貼っているると、本当に、「ほお〜、じじやか、面白い名前だのう」と入って来るお客がいるらしい（もうすでに、ここで、じじやへの感情移入が起こっている証拠）。

さすがに、ひものを作っている工場が、入り口を入ったとたんにあるわけではないが、レトロふうの暖簾《のれん》が、郷愁をさそう。さらに、「とにかく無料で試食をする」っていうのは、ステュー・レオナルズと同じコンセプトだ。

さらに、ステュー・レオナルズとの共通点は、最後のお客様の声の掲示板だね。これからは、「じじや世界征服計画」として、じじやの紙袋を持って世界の各所を訪れたじじらーの写真を貼るといいと思う。ちなみに、じじやでは、〝じじ語〟というのが、公用語になっている。そして、じじらーは、全員、じじ語を話すようになるという。

ステュー・レオナルズっていうのは、日本ではほとんど知られていないけれど、実は、大変な企業。超有名企業の社長が、こぞってこの企業の、顧客満足セミナーを受けに来ている。それと近いことをやり始めているが、この門司《もじ》のレトロタウンでも、集客はダントツらしいんだから、ぜひ、がんばってくれ！

小売店以外も、成約率アップへ応用できる

「いゃ〜、うちは小売店じゃないからなぁ、応用できないよなぁ」とお思いの方へ。

実は、このひもの屋「じじや」さんからも、応用できるヒントがある。

工務店が、入り口に、犬の置物を置くと、お客が入るようになった。また、入り口にドーンと、構造躯体のモデルを置いたら、来社したとたんに、お客の顔の色が変わったという会員さんが出てきています。

やっぱ、やってみないと、効果っていうのは、分からんよね。

ぜひ、ステュー・レオナルズの写真、じじやの解説を読みながら、自分のオフィスでは、どんなことができるか考えてみてほしい。

ちなみに、私の事務所には、実践会の会員の実績が、ダーンと壁中に貼ってあります。すると一瞬で信頼性が獲得できる。そして取引先に紹介してくれる。商工会議所に紹介される。また配達した運送会社の人も見る。

こうして、口コミが広がっていくわけですわ。うちの事務所なんか、ほんとは、誰も来るようなところじゃないんですけどね。

このお客様の声を、壁に貼るっていうのは、簡単で、びっくりするほど効果あるから、ぜひやってみてください。

第5章

私が犯した罪と罰

シンプルであるがゆえに、
使い方を間違えるおそれもあるダイレクト・マーケティング。
本章では、神田昌典が伝えてきたノウハウについて
「誤解されやすい点」をピックアップし、
「正しい実践法」をあらためて解説しています。

多くの人が勘違いするコト

以前の私は、「こうすれば儲かる!」という戦術・戦略レベルのアドバイスをしていた。その結果、本当は、人生レベルで見れば、仕掛けをすべきではないタイミングで、仕掛けをするようにアドバイスをしてしまったことがある。

現在の私のアドバイスは異なる。

「ここをこのように修正すると新規事業のための仕組みができるよ。しかし、今はこの事業をやると、たぶん、近いうちに、右腕がクーデター*起こすよ。だから、今は社内体制に集中して、新規事業は2年間ガマンしたらどうですか?」

という具合である。

実は、4年間実践ニュースレターをやってみて、そのほかにも反省したい点がある。顧客獲得実践会の中でも、私が提示した方法論を勘違いしている人が多いことに気づいている。

そこで、ズバリ「私が犯した罪と罰」ということで、過去の間違いを告白しよう。自分自身への反省も込め、多くの人が勘違いしていることを書いてみたい。

右腕がクーデター:右腕と信頼していた社員に裏切られる、詐欺にあう、商品・サービスに問題が発生する……。会社の成長の際にはさまざまな〝障壁〟がつきもの。詳しくは『成功者の告白』(神田昌典著・講談社刊)に詳しい。

その結果、実践会メソッドについての理解がより深まり、自社への応用力が付けられると思う。

【罪と罰　その1】
エモーショナルな表現をすれば、反応が高くなる？

「○○はするな！」[*]とか「まだ○○を続けますか？」といった表現を使った広告について、「エモーショナルな広告はもう古い」といわれるケースがある。

これは、私が分かりやすく説明しようとしたために、間違えてしまったことの1つだ。分かりやすく説明するために、反応の良いいくつかの表現を紹介してきたが、その表現をそのまま、「これが神田昌典の推奨する方法なんだ」と**勘違いしている人を大量製造**してしまった。これには後悔するとともに、自責の念がある。

先ほどの表現を使ったら、もう古いということではない。今も大変効果的だ。ただ、どの業界でも画一的に利用できる表現かといえば、そんなことを言ったつもりはない。

たとえば、主婦相手に、「まだバカ高い航空券を買い続けますか？」なんて言うのは、女心を理解していない。主婦にとっては怖い表現。脅しですよ。この表現を主婦向けの広告で使ったら、主婦は確実に逃げていくよ。

「○○はするな！」：『あなたの会社が90日で儲かる！』でも紹介されている、感情マーケティングの代表例みたいに思われた必殺広告フレーズ。

だって、航空券は「法人相手の経費削減対象」だからこそ、この表現がインパクトを持つのだ。

それから、「○○はするな！」という表現。典型的には、「家はまだ買うな！」。

この表現を使う場合には、「なぜ買ってはいけないのか」を、キチンと伝えなければならない。言い換えれば、購買判断の基準を、**圧倒的な信頼性や証拠**を通して、広告を見る人に伝えられていなければならない。信頼性や証拠なしに、ただ「○○はするな！」と言ったら、お客は、それを真に受ける。

このように状況状況で、考えて使わないといけないのだが、そのまま使って、「反応がない」とあきらめてしまう人が多い。それでは、あまりにも悲しい。

顧客の反応は、広告やチラシで使われる**単なる言葉ではなくギャップの量**で決まる。

これは私が、『あなたの会社が90日で儲かる！』のときから一貫して言っていること。

ではギャップというのは、いったい何か。

ギャップとは、お客が感じている現実と期待との差である。この差を大きくすればするほど、反応率が高くなる。

現実とは、「この商品はこんなもんだろう」「このサービスはこんなもんだろう」「どこも値段は同じなんだろう」とお客が感じている内容である。

反応は、現実を大きく超える時期を、どれだけ提示できるかということにかかっている。ギャップの大きさで反応が決まるのだ。単純にそれだけなのだ。

そこで、クイズだ。

「反応率１００％のＤＭとは何か？」

答えは、税務署からの手紙である。

なぜか？

開封しなければ、**ヤバいことになる**からだ。

税金を支払わなければ、牢屋に入れられてしまう。これから起こりうると考えられることが、耐えうることができないほど、痛みをともなう。

言い換えれば、現実と期待とのギャップが極限にまで開いている。だから、反応が高い。

ということは、あなたの会社の商品を販売したい場合、このギャップを広げる文章を作ればいいことになる。

この方法が、実は、あとでお話しする「ＰＡＳＯＮＡの法則」なのである。

自分の知らなかった新しい現実を提示されると、消費者には心理的な不協和が起こる。

気持ちが悪くなる。

「自分が想定しなかった現実がここにある」と思い込んだときに、心の不安定を解消するためには、行動を起こさざるを得ないので、それが反応となって表れてくるのだ。

だから、自分の広告に反応がないとすれば、何をチェックしなければならないかというと、「広告の中に、お客が想定する期待と、あなたが提示している現実に、どれほどのギャップがあるか」、ということだ。

ギャップがなければ創らないといけないし、数が少なければ、その数を多くしなければならない。

【罪と罰　その2】ニュースレターや小冊子を書けば、実践したことになる?

多くの会員はニュースレターを出したり、小冊子を出したりしている。

それは非常に効果的なツールではあるが、「全員がニュースレターをやらなくてはいけないのか?」というと、そんなことはないのだ。

以前にもご紹介した、パスメディアの主藤さんは、NTTの回線販売で全国トップだが、ニュースレターをやっているかというとそんなことはない。もちろん、小冊子もやっていない。

実践会のニュースレターや小冊子というのは、あくまでツールの１つであって、それを使うか使わないかは、業界によって違う。

ニュースレターについては、ほぼ全業界にわたって効果的なのは事実だ。ただし、一過性の顧客との関係だけで十分利益が回って「お客のフォローなんて面倒くさい」と言える、うらやましい会社は無理にやる必要はない。

ニュースレターの効果が、他業界より低い業界もある。商品自体に、愛着が持てない場合である。

たとえば、主藤さんの扱っていたＮＴＴの電話回線。「電話回線に愛着を持っている」なんて人、いないでしょう？　だから「電話回線について、あなたがもっと知ることができるニュースレター」なんか送ってもらっても、お客はうれしくも何ともない。そういう会社はニュースレターを出すことにより、お客との関係を深め、ほかの商品を売れる仕組みを構築することはできるが、当然、その効果はほかの業界よりも小さくなる。とくに、パスメディアの場合は、現状で儲かっているわけだから、それだけの手間暇をかけてニュースレターをやる必要があるかといえば、ないのだ。

だから単純に「ニュースレターをやれば、売上が上がる」とは考えてほしくない。

「小冊子さえやれば儲かるらしい」と、あわてて小冊子を書き出す人がいるが、これも書き出す前に、ちょっと考えてほしい。本当に、あなたが小冊子を書くべきかといえば、それは場合による。

『60分間・企業ダントツ化プロジェクト』*にも書いているように、「今すぐ契約しなければ大変なことになるかもしれない」という、必要に差し迫った商品を扱う場合（たとえば消火器とか、4月の学習塾とか）には、小冊子の優先順位は高くない。

もちろん小冊子のような情報提供媒体は、ないよりあるほうがいい。しかし、差し迫っているお客がいる場合には、小冊子を書いているどころではない。商品を持って、お客の前に行けばいいのである。

だから、この場合には、2ステップの段階を踏むのではなく、1ステップで売るほうがいい。

また、小冊子を使った営業をする会社が多くなったために、「もう小冊子は効果がない」と考える人もいる。

これも短絡的な思考だ。

『60分間・企業ダントツ化プロジェクト』：神田昌典著・ダイヤモンド社刊。「スター戦略構築法」と名付けられた独自の経営戦略が紹介されている。

たとえば住宅業界では、小冊子広告があふれている。私は「住宅で失敗しないための7つの自己防衛策」という小冊子をクライアントのために書いたが、それとほぼ同じものを、いろんな会社が、焼き直して出している。その小冊子をマネした会社が、同じような小冊子を作り、同一地域に、同じ小冊子広告が2つも3つも出ていたら、当然、反応は少なくなる。

だから当然、「ライバルと比較して、自分の住宅はいったいどこに優位性があるのか」を考えなければならない。

つまり、**小冊子という媒体が古くなったために反応が得られないのではなく、あなたの会社が他社から差別化できていないから反応が得られない**のである。

小冊子の原則は、書く内容を、あなたの顧客ターゲットに合わせなければならないということだ。

たとえば、あなたの会社が二世帯住宅で実績がある工務店なら、「住宅で失敗しないための自己防衛策」という幅広いタイトルではなく、「二世帯が、幸せになる間取り」「癒《いや》される二世帯住宅を作るための7つの秘訣」等の〝二世帯〟に絞り込んだタイトルにする。

すると、二世帯住宅を考えている人が、請求したくなる小冊子ができる。そして、その小冊子を読んだ結果、お客は購買判断基準が分かったために、他社との相見積りをする気もなくなるのだ。

小冊子は、賢い使い方をすれば、どの時代でも、とんでもない効果がある。

小冊子は〝バイブル商法〟ともいわれていて、一般的にバイブル商法というのは「良くないやり方」と揶揄《やゆ》される存在である。しかし、**そのバイブル商法を上回る、有効な方法があるのだろうか？**

人類史上、それはないのである。

なぜキリスト教があそこまで広まったか？

バイブルがあったからなのだ。

実践会の会員の多くは、「幸せな小金持ちシリーズ」の本田健*先生をご存じであろう。彼はまったく無名のころ、小冊子を作って、1年間のうちに50万部を配布。半年のうちに事業を立ち上げた。インターネットの時代でも、なぜか小冊子なのである。それだけのムーブメントを起こす力を持っているのが、小冊子。だからこそ、使い方を間違えてほしくないのである。

【罪と罰　その3】
「PASONAの法則」で作った広告は、いかがわしいのか？

本田健：「お金に振り回されない生き方」「ライフワーク」等をテーマに多くのベストセラーを執筆する作家。

売れる文章とは、「どうまく表現するか」ではなく、「何を」「どの順番で言うか」で決まる。「どうまく表現するか」というのは作家の仕事。**商人は、「何を」「どの順番で言うか」のほうが、重要だ。**

売るために、「何を」「どの順番で言うか」を法則化したのが「PASONAの法則」である。この「PASONAの法則」は、催眠商法でお客をだまして商品を販売する方法、そして臨床心理で患者を治療するときにも使われる方法と同じで、すごく効果的だ。

つまり〝方法論〟は同じでも、それを使う側の意図によって、相手を治療することにもなれば、相手を落とし入れる方法にもなる。

だからこそ、実践会の会員には、倫理観・道徳を強く訴えているのだ。

それでは、「PASONAの法則」をご説明しよう。次の順番に話した場合、人間は行動を起こしやすい。

（1）Problem：問題点を明確化して伝える。
（2）Agitate：その問題を、身近に感じてもらえるように、炙《あぶ》り立てる。
（3）Solution：問題の解決策を伝える。

（4）Narrow down：その解決策を得られる人は、限られていることを説明。

（5）Action：行動を呼びかける。

この「PASONAの法則」を使った文章の例を挙げてみよう。

■今は少しでも家計を節約したいですよね。でも保険が、住宅の次に大きな出費となっていることをご存じでしたか？

⇒ **これは「問題点の明確化」（P）**

■しかも10世帯のうち9世帯までが、支払わなくてもいい保険料を支払っているのです。その費用を支払い続けるために、余計に生じる費用は年間3万円。10年間で30万円に上ります。

⇒ **これは「問題点の炙り立て」（A）**

■その30万円を、簡単な手続きで、取り戻す方法があることをご存じですか？　大変有利な方法なのですが、あまり政府のPRが行き届かないために、ほとんどの家庭が知ることがありません。この方法を誰にでも分かりやすく解説したレポートを、ただいまご希望の方にお配りしております。

⇒　**これは「解決策の提示」（SO）**

■このレポートは、誰にでも役に立てるわけではありません。しかし○○な方、○○な方、○○な方には、お役に立てます。

⇒　**これは「解決策が限られていることの説明」＝絞り込み（N）**

■部数が限られますので、今すぐお申し込みください。

⇒　**これは「行動への呼びかけ」（A）**

以上のような順番で物事を伝えられた場合、心理的不協和が起こり、その不協和を静めるために、人は行動する。

とくに最初のＰ・Ａ・ＳＯの部分で、自動的に心理ギャップが起こりやすくなるように設計されている。つまり、現状と期待の差を広げているのである。Ｐで、現状を認識させる。Ａで、さらにその現状を五感で感じてもらう。そしてＳＯで、異なる現実があることを期待させる。

以上の作業を見て、ＰＡＳＯＮＡとは、「煽《あお》り立てるマーケティング」だと早合点してしまう人がいる。

しかし私の目的は、あくまでも相手が抱えている**悩みを、相手の立場に立って理解**すること。それを描写できるほど、明確に表現することであって、相手を恐怖に突き落とすことが目的ではない。

要するに、相手の立場に立って悩みを一緒に考えるというスタンスだから、「ＰＡＳＯＮＡの法則」というのは、**感情マーケティング**でもあり、**共感マーケティング**でもあり、**ねぎらいマーケティング**でもある。

今まで、この「相手の立場に立つ」という説明が中途半端だった。だから、どうも誤解されてきた向きもあると思う。

本来、私が意図してのことというのは、ＰＡＳＯＮＡに先立って、深く掘り下げて考えることなのである。ところが、考えるプロセスを飛ばしてしまって、形だけで入ってしまった結果、勘違いされているケースがあるようだ。

私のセミナーに出たり、ビデオを見た方はキチンと勉強しているだろうが、実は、「PASONAの法則」とは、それに先立って**「鍵となる5つの質問」**の答えを考えてから進むようなステップになっている。

鍵となる5つの質問とは、私が以前、電話相談を年間2000件近く受けていた頃、できるだけ短時間に、効果的なマーケティングメッセージを引き出すために、相談者に聞いていた質問である。コーチングをしながら、必要なマーケティングメッセージを引き出す最低限の質問項目だ。

この5つの質問は、劇的な効果がある。

売上が上がらないのは、仕組みやメッセージの問題だけではなく、販売者が自信がないという要因も大きい。要するに、何をやってもダメだ、というセルフイメージを持って相談してくる人がいるのだ。そのように自信を失った人でも、自信を回復するようにコーチングをしながら、さらに有効なマーケティングメッセージを引き出す質問になっている。

その鍵となる5つの質問は、次の通りである。

1．あなたの商品は、ズバリどんな商品か？　その特長2つを、20秒以内で、簡潔に説明すると？

2. この商品を20秒以内で説明しただけで、「なんとか売ってくれ」と頭を下げて、嘆願するお客はどのようなお客か？

3. いろいろ似たような会社がある中で、既存客はなぜ自分の会社を選んだのか？ 同じような商品を買えるような会社がいろいろある中で、なぜ既存客は、自分の会社から、この商品を買うことにしたのか？

4. いったい、お客は、どんな場面で、怒鳴りたくなるほどの怒りを感じているか？ どんなことに、夜も眠れないほど悩み・不安を感じているか？ どんなことに、自分を抑え切れないほどの欲求を持つか？ その怒り・悩み・不安・欲求をお客が感じる場面を五感を使って描写すると？

5. なぜこの商品は、その悩みを簡単に、短時間で解決できるのか？ それを聞いたとたん、お客はどんな疑いを持つか？ その猜疑《さいぎ》心を吹き飛ばす、具体的・圧倒的な証拠は？

この5つの質問の答えが分かると、次のことができるようになっている。

①自社の商品について、さらに掘り下げることができる（たいていの会社は自社商品の知識に乏しい）。

②自社の顧客について、さらに掘り下げることができる（たいていの会社は自社の顧客についての情報がない）。

③自社について、さらに掘り下げることができる（たいていの会社は、自社の優位性について気づいていない）。

要するに、自分自身、そして相手を掘り下げれば、掘り下げるほど、反応が高くなる。儲かる。人間として豊かになるのである。

反省しなくてはいけない時期

ヒーローは傲慢《ごうまん》に徹して、反省してはいけない。それが原理原則。

しかし、１つだけ例外があるんだな。

傲慢、横柄になることを目指し、突っ走ることが大事なのだが、実は、**反省をしなくてはいけない時期**がある。それが、いつか？

拙著『なぜ春はこない？』*に書いたが、人間には春夏秋冬といった四季があって、それ

『なぜ春はこない？』：神田昌典／來夢著・実業之日本社刊。アストロロジャー・來夢氏とともに、人生の季節サイクル「春夏秋冬理論」を紹介した本。

ぞれ3年のサイクルで回って、12年で一巡する。この12年間のうち、秋の時期。この秋の3年間は、今までの活動を振り返って反省し、その反省点から学び、自分が今まで見たくなかった部分を統合し、次のサイクルに生かしていくという重要な時期なのだ。

私は今、秋の時期。だからこそ、今までを振り返って、反省している。

この反省から、あなたに何を学んでほしいかと言えば、単なる実践会メソッドを表面だけで理解しないということ。そのメソッドの勘違いされやすい点を意識することによって、さらに理解を深めていただきたい。

【罪と罰　その4】

殿様セールスとは、お客に横柄に接すること？

この**「殿様セールス*」**についても、私は、ある意味で間違いを犯しました。〝殿様〟という非常にインパクトのある表現をしたことによって、**「お客に対して横柄になればいいんだ！」**と勘違いする人を生んでしまったようだ。

では、横柄になるという表現をしたのはなぜでしょう？

実は、私自身が横柄になることを目指している。努力して傲慢になっているのです。

自分で言うのもなんですが、実物の私は、けっして傲慢ではありません。私と直接会っ

殿様セールス：「自分にふさわしくない客は早めに見切り、別の客にアプローチしたほうが効率的」とする、ネーミングのわりにはいたって真っ当な考え方。神田昌典著『非常識な成功法則』参照。

て話をした人からは、「実は、すごく人懐っこい人だったんですね」と言われることが多いのです。

じゃあ、なぜ傲慢を装っているかというと、**傲慢のほうがいいビジネスモデルだから、**である。

顧客に対してお願いをしているかぎり、「安売り商法」になってしまい、高収益の企業になり得ない。

たとえば、ある車のコーティングを行う会社の雑誌広告に、すごい表現があった。とにかく20年以上経った車を新車以上の輝きにするという、技術が売りの会社……。決め手なのは、次の表現。

「当工房では開発者として、施行者としてだけではなく、芸術家として、まだ出遭わぬ友人との出遭いの工房として活動している為、**上からものを言うような態度の方は、施工はおろかお話しすらさせていただいておりません**」

大事だから、繰り返すよ。

「上からものを言う人とは、お話しすらしない」。なんと、かっこいい会社なんだ！

ここまで言えば、お客はどう感じるのだろう？

「すげープライド。よほど品質がいいんだろうなぁ」「とても値切れないだろうなぁ」そう思って、とにかく電話をする際には、「やっていただけないでしょうか？」とすでに100％お願いするつもりになっているはず。

さらに〝やっていただいた〟あとは、「私は○○○○（会社名）のお客である」ことを自慢するようになる。だから利益率が高く、そして口コミになる会社ができる。

『60分間・企業ダントツ化プロジェクト』の中でも書いていますが、**お客から選ばれるためにはお客を選ばなくてはいけない**。あくまでも高収益の会社に持っていくには、傲慢なことを持っていなくてはいけないのだ。

この広告の表現は、それをハッキリと打ち出した、とてもいい例。卑屈や謙虚を装うのでなく、傲慢に徹していたほうが、お客からは尊敬を得る。

にもかかわらず、多くの会社は、誰にでも批判されない中途半端な会社を目指すがゆえに、値引き交渉や相見積りにあってしまう。その状況を変えるために、「誤解されるだろうな」と思いつつ、あえて〝殿様〟と表現した。

しかし、殿様という言葉を文字通り解釈してしまい、お客の上に立つということを目的にしてしまう人がいる。これは単純解釈。誤解だ。

では、本来の「殿様セールス」の本質とは、いったい何だろう？

殿様セールスの本質は、お客に対して偉そうに振る舞うことではない。**お客に対して中立に、平等に振る舞うこと**が本質なのだ。

お客に対して「会社はお客の奴隷である」という位置付けを脱して、**平等な友達としての位置付けを回復**する。奴隷でなければ、何もあなたは、お客に対しておべっかや、ごますりをする必要はない。愛想笑いもする必要がない。値切られる必要すらない。お客と友人であるということは、相手を平等・公平に扱い、相手を尊敬し、相手からも尊敬される取引をすることだ。

相手を尊敬し、相手から尊敬されるという意味で、「殿様セールス」もまた、実は**「共感セールス」**若しくは**「ねぎらいセールス」**なのです。

この〝ねぎらい〟は、元横浜国立大学准教授の堀之内高久先生から教えていただいたコンセプト。

では、〝ねぎらい〟というのはいったい何だと思う？

答えは、**お客の存在自体を認めること。**

堀之内先生から教えていただいたことを簡単に説明しよう。

人間関係には、親（ペアレント）と子ども（チャイルド）の2つの立場が存在する。そして人間誰しも、この親の部分と子どもの部分の二面性を持っている。

親タイプをさらに詳しく見ていくと、「保護P（ペアレント）」と「権威P」という2つに分かれる。要するに、権威を主張したがる親と、保護したがる親の2通りがあるということ。

同じように子どもには、「依存C（チャイルド）」と「自然C」という2つが存在する。それぞれの関係は、親の権威に対して依存する子、親の保護に対して自然に振る舞いたいという子、という図式が成り立つ。

今までのセールスというのは、営業マンが子どもだった。営業マンの子どもの部分は、権威に対して従順に振る舞う（「保護P」と「依存C」の関係だ）。

「教えてください！」「お客様第一です！」「男にしてください！」

というトークは、お客の「保護したい」という気持ちに対して、営業マンが子どものよ

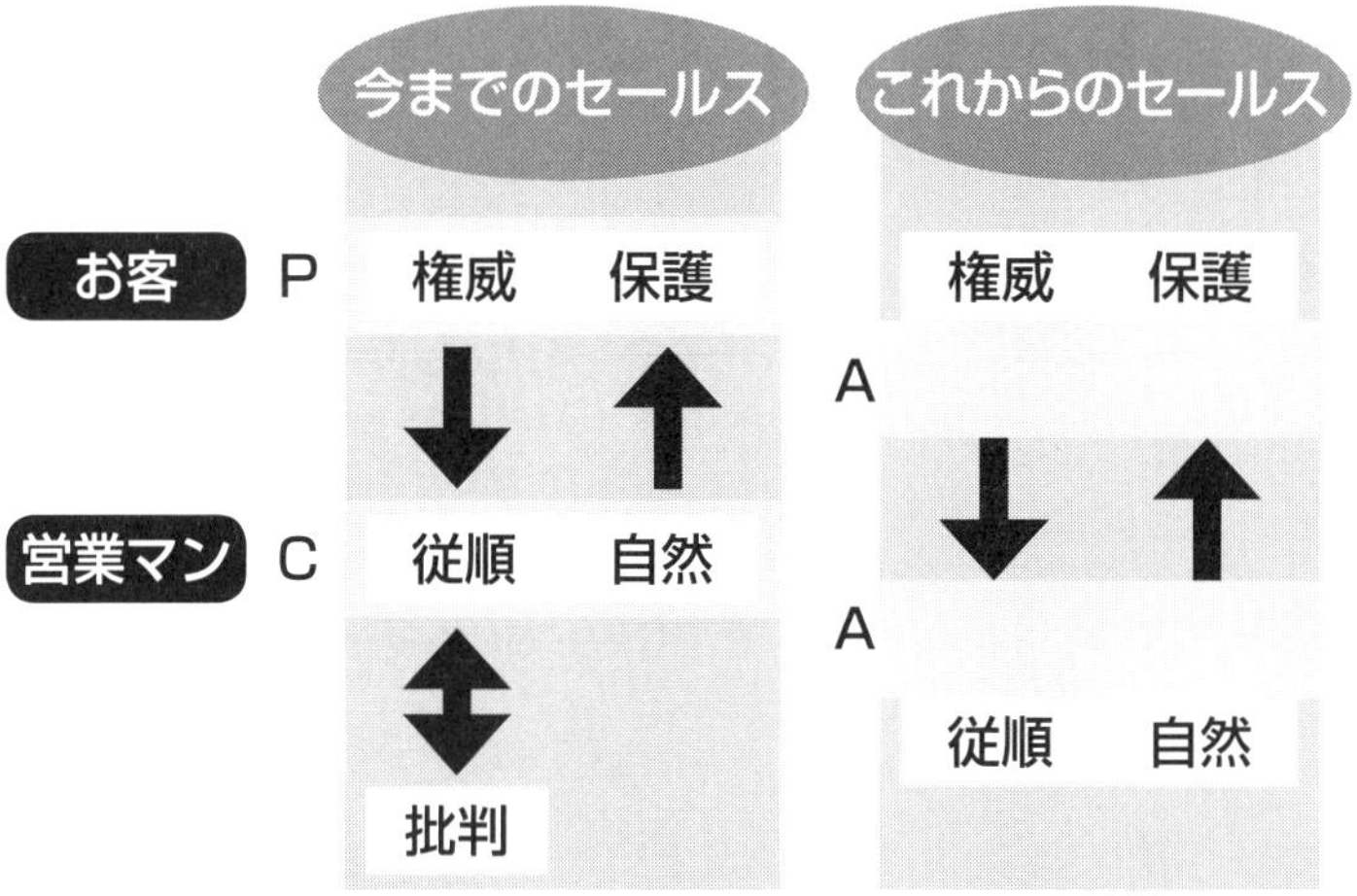

うに振る舞うからこそ成立する。

だから、いつも頭を下げて「私は何も知りません」というふうに振る舞うことが、営業マンの利益になる。

このような人間関係が成り立っているので、入社したての新人や営業素人の女の子の営業成績が良かったりする。

ただ、この場合、営業成績を維持するためには、**永遠に子どもの役割を演じ続けなくてはならない。**だから、入社したてはいいけれど、経験が長くなってくるとスランプに陥る。年を取っても、いつまでも子どもの振りをするのは、ちょっとバカみたいだと思いませんか？　40代、50代になっても、子どものように振る舞う営業マンなんて、あなた、会社に置きたいですか？

このような〝子どものように振る舞う〟ことで利益を得る営業法をとっていると、平等な人間関係が築けない。そのうち、お客は権威を振りかざしてくるだろう（「権威P」）。すると、子どもはどうなるか？　反抗するようになる。「自然C」が「反抗C」に変わる。つまり、**「下手に出て聞いてりゃ、いい気になりやがって」**と、子どもの振りをしていた営業マンがいきなりキレる。その結果、今まで無理することで成り立っていた人間関係が崩壊する。

要するに、ほとんどすべての「保護P」と「依存C」の関係は、このように崩壊していくわけだ。

今までの営業法では、ほとんどの営業マンは子どものように振る舞うとか、従順に振る舞うといったように、「依存C」を演じてしまう。自ら自尊心を抑えて、値引きに応じるしかない人間関係を作ってしまっている。

しかし、それでは長いスパンでの営業マンとお客との交流関係や、親交を深めていくことはできない。このような顧客の生涯価値を高めるのに矛盾した営業法を根本的に変えるのが、殿様セールス法だ。「殿様セールス」は、親でも子どもでもない中心にある「アダルト」

という部分に働きかける。

「アダルト」とは〝成熟した大人〟という概念。

反発させないとか、依存関係が生まれないという関係を作るには、この真ん中の「アダルト」の部分に対して語りかけることが重要だ。「アダルト」の部分は、子どもにも親にも存在する。子どもが親の言うことを聞かないときは、アダルトに向かって語りかけると耳を傾けやすくなる。具体的には、子どもに向かって落ち着いた声で、目をしっかりと見ながら叱る。

「これはいけないことを、お前は分かっているよね」「お父さんは悲しいぞ」

このように相手の成熟した大人の部分に対して語ると、子どもは落ち着いて、感情的に反発することがない。叱った言葉は、心に染みていくことになる。

これが「権威P」の立場から、怒る場合には……。

「親に向かって、その態度は何だぁ！」
「父ちゃんがダメだと言ったら、ダメなんだぁ！」

となる。

この場合、親の権威を振りかざしているので、その瞬間に、親は影響力を失う。

これは職場でも同じ。

「上司の言うことが聞けんのかぁ！」

「つべこべ言うな！　上司の命令だ！」

そう権威を振りかざしたとたん、上司として尊敬されなくなる。一時的に混乱を収拾できるかもしれないが、長期的には致命的な行動をしている。お互いに信頼関係、お互い平等、お互い同じレベルで話をする。そうすると当然、長い信頼関係が生まれてくる。この「『アダルト』に働きかける」、という信頼関係においては、**相手の人間性そのものを認める**ことになる。

それでは、営業で「相手の人間性そのものを認める」ためには、どうすればいいのか？

相手に自分の商品のデメリットを言ったら、相手は耳を貸さないよね？

では、これがなぜ成立するのでしょう？

それは、お客が満足するような取引条件を全部明らかにして、それを満たす提案をすることが大前提になっているからだ。

希望する条件がそろっているなら買わない人はいない。だから成約率が高まるのです。

ところが、その段階まで持っていくためには、当然商品に興味を持ってもらわなくてはいけない。だから「殿様セールス」というのは、感情マーケティングで興味のある人から手を上げていただくという第一段階の次に行ったときには、ものすごく効果的になる。

【罪と罰　その5】
「21日間感動プログラム」は、必ずやるべき？

次は「21日間感動プログラム」について。

「21日間感動プログラム」というのは、新規顧客と初めて取引した21日の間に、少なくとも3回、お客と接触すれば顧客流出率が少なくなって、購買単価も上がって、さらには購買回数も上がるという方法。

非常に効果的であることは確かだ。ところが、これをやりさえすれば、何でもかんでも売上が上がるかといえば、そんなことはない。

「お礼状を出して、何かプレゼントをすればいい」と考えている人も多い。これは私が「21日をシステマチックに計画するのが重要だ」ということを強調したことで、誤解を生んでしまったのだと反省しています。本当はもうちょっと優先順位を考えて説明すべきでした。

会社によっては、「21日間感動プログラム」よりも、ほかに優先すべき活動があるわけで、必ずしもすべての会社がやるべきことではないのです。

実際、私は現在「21日間感動プログラム」をやっているか？　というと、やってません。

ハッキリ言って、やりたくないのです。

当然、「言ってることとやってることはぜんぜん違うじゃないか」という批判を受けると思います。でも批判する前に、聞いてください。

もし私もお金がなくて、最少マーケティング費用で最大収益を上げることを目的にすれば、「21日間感動プログラム」は、確実にやります。でも私の場合、「21日間感動プログラム」にエネルギーを使っているよりは、より1冊でも多く本を書くほうにエネルギーをかけたほうがお客は増える。そして、優秀な会員さんに対して、より深く考えたノウハウを伝えるということに時間を使ったほうが、自分のミッションにつながるのです。

「21日間感動プログラム」をやっていれば、顧客の流出率は、10ポイントは改善できたと思います。しかし、私の会社にとっては、それは優先順位の高いものではなかったのです。

その代わりに、**「21日間感動プログラム」を使わなくても、生涯価値が上がる仕組み**を構築したわけです。これがそもそも、私がCDセミナーを始めた理由です（通常の会社であれば、定期宅配プログラムになります）。

ですから、あなたの会社でも優先順位を考えてほしい。

一般的に言って、たいていの会社は顧客の流出率を下げることで、収益は劇的に改善する。ほとんどの会社は、なんらかの形で「21日間感動プログラム」は効果的だと思う。

しかし、それより重要なのは、ニュースレターの発行です。これで確実に、顧客の生涯価値はアップする。その後、余裕があったら、21日間感動プログラムをやっていけばいいわけです。

その際、「お礼状を出すことが効果的である」と短絡的に考えないでいただきたい。あくまでも、**どうやったら自分のお客を喜ばせることができるか**という観点から、自社では何をやったらいいか判断してもらいたい。

その結果、「思いがけないプレゼント」をすることが重要かもしれない。また業種によっては、「早く見積書を出すこと」が、お客を喜ばせることかもしれない。それは各企業で、自分のお客がどういうことをやったときに喜ぶのか、満足が高まるのかという観点から判断してみよう。

【罪と罰　その6】

直接売り込まずに、ステップを多く踏むほど効果的？

最後に反省したいのは、「ツーステップマーケティング」*という手法。

これも、私が会員さんたちに誤解を与えてしまったようだ。

どんな誤解？

「とにかく、すぐに売り込んではいけない」という誤解だ。結果、売り込みもしないで、ツーステップどころかスリーステップ、フォーステップという非常に長いステップを築いてしまっている会社もある。

本来は、直接売ればいいのにもかかわらず、わざとアンケート項目を設けたり、小冊子を申し込ませたりしたあげく、次にはさらに第二の小冊子を申し込ませて、営業マンとミーティングを持たせて、その後に成約……というように、長～い道のりを作っている。

そういったステップを築くことで、自動的に進むエスカレーターが作れる場合もある。でも残念なことに、ステップを踏めば踏むほど、どんなに素晴らしい商品であっても、お客にとっては手を挙げること自体が労力になってきてしまう。どんなに好きな商品でも、**手を挙げさせたら、できるだけ早く成約**すること。

ツーステップマーケティング：「見込客化」→「成約」というステップを踏むマーケティング。見込客化のために必要なツールが、小冊子、説明会、廉価版商品、試供品等のいわゆる「フロントエンド」である。

たとえば、付き合っている女の子が、自分の家のドアを開けて中に入れてくれたら、「次は映画をいつ観に行く？」という話じゃなくて、女の子のそばに寄って手を握らなくてはいけないでしょ？　そこでビビってはいけない！

原則原理は、『60分間・企業ダントツ化プロジェクト』でも書いているように、お客の購買までの感情の動きのプロセスと売り込み方のプロセスを一致させるということ。何もいくつものステップを踏んで、売らなくてはいけないということではないのです。

マーケティングで一番お金がかかるのは、広告を使って相手に手を挙げさせるところ。広告で相手に手を挙げさせる率を改善すれば、あとは、シミュレーションしてみれば実は大差ないということが分かる。

手を挙げさせてしまったあとは、**できるだけ早く契約書にサインをさせる。ハンコを押させる。**無理矢理、ツーステップ、スリーステップを踏む必要はまったくないのです。

以上、私のいくつかの反省点も挙げてみました。

曲がった枝を矯正するためには、逆方向に曲げなくてはいけない。

今までマーケティングにしても、セールスにしても、間違った方法論が広がっていました。だからこそ、その呪縛《じゅばく》から脱却するためにも、あえて極端な表現を好んで使ってきましたが、そのために、誤解が生じた部分もいろいろあったと思います。

今まで私が関わった本は、100万部以上売れています。その100万人全員に、誤解ない理解を期待しているかと言えば、それは無理というものでしょう。しかし、100万人の0・4％に当たる実践会の4000人の会員には、表層ではなく、根っこの部分を理解して、スムーズな成功を目指していただきたいと思います。

著者になりたい方へ……〝グル病〟に注意！

時代は、実力ある著者をたくさん求めている。そのための土壌は整えられつつあるし、また、そのようなチャレンジ精神にあふれる人も大勢現れ始めた。

以前「魔法の文章講座」というセミナーを開催した際に、そのことを私は確信した。このセミナーは、本を書きたい人を対象としていた。

告白すると、このセミナーの開催は、当初、シャレだったのである。

私は、「こんなもんはたぶん、あまり聴きに来る人はいないんじゃないか」と思っていた。

ところが予想に反して、1日にして二百数席が埋まってしまった。

この数字を聞いて、私はとっさにDMの内容に間違いがあったのでは、と危惧《きぐ》した。

「しまった。もしかしてDMの内容がクリアじゃなかったので、文章講座を〝売上アップのためのセールスレターの書き方〟とか、〝チラシの書き方セミナー〟と間違えたんじゃないか？」

そこで当日、講義を始める前に、参加者全員に確認してみた。

神田　「あの〜、本日のセミナーなんですが、みなさん、なんで来たんですか？もしかしてチラシとかセールスレターのセミナーだと思っていません？」
参加者　（し〜ん）
神田　「チラシとかセールスレターのセミナーだと思っている方、手を挙げてくださいませんか？」
参加者　（し〜ん）
神田　「それじゃ、何を求めていらっしゃるんですか？」
ある参加者　「ベストセラー本を書く方法です」
神田　「マジですか？（絶句）ベストセラー本を書くために来た人、手を挙げてくだいませんか？」

参加者　（全員手を挙げる！）

私はびっくりしたよ。２００人がベストセラー作家になりたいために、セミナーに来るんだから。しかも社長、経営者が作家になりたいと思っているんですぜ。

今までは考えられない現象だし、まだこのようなムーブメントが起こっていることを出版界、書店流通業界は気づいていない。

そこで私は、このことを書店にアピールしてきた。

以前、ある出版社の周年記念で基調講演したのだが、そのときのテーマが「書店こそ、日本を変える力がある」というもの。３００社を超える書店の経営者が集まっていたのであるが、私はいくつかの予言をしてきた。その１つが「新しい著者が群雄割拠する時代の到来」だ。書店は期待していたぞ。

本を出すと急激に成功するから、当然、それに対するゆがみも発生するよ。典型的には、ほとんどの著者がグル病*にかかる。

グル病とは何か？　本が売れると、自分が偉いと勘違いしちゃうんだな。先生、先生と呼ばれて、本業がダメになる。

グル：サンスクリット語で「指導者」の意味。

そのようなリスクがあるから、自己管理はとても大切。それができる人、そして本業がしっかり整って、部下にまかせておいても回るようになった人は、本を書くといい。自分が受け取った知恵を社会に還元することになる。その結果、与えた知恵は何倍にもなって返ってくる。

あなたが「本を書いてみたい」と思ったのなら、ぜひ、その目標を今すぐノートに書き留めていただきたい。必ず夢は叶います。*

成功の法則は、ある

マーケティング・トップ1%の真意とは？

実践会について、会員さんから面白い質問があった。

どんな質問かっていうと、「マーケティング・トップ1%っていうのは、どういう意味ですか」ということ。

質問されて初めて、「マーケティング・トップ1%といったって、たしかに説明が足りないよな」と思ったわけです。

必ず夢は叶います：勝間和代氏をはじめ、神田昌典から影響を受け、ベストセラー作家となった人も多数。

マーケティング・トップ1％とは、いったいどういうことか？

ご説明いたしましょう。簡単に言えば、こんなことです。

マーケティングの知識というのは、ほんのひと握りの人、つまり、**1％程度の人しか活用しない**もんだ。ところが、その1％の人間が大成功する。そして世の中に**影響力がある。**

つまり、本物の情報を吸収して、ものにしていく人っていうのは、ほんのひと握りの人間。

そのひと握りの人間になりましょう……というのが「マーケティング・トップ1％」に込められた意味なのです。

実は、本物の情報自体は、いつの時代にもある。そして、すべての人に、公平に与えられている。

たとえば、このニュースレターで書かれていることだって、百年も前から、一部の人だけに引き継がれてきたダイレクト・マーケティングの知識をベースにしているもの。

つまり、白紙の状態から、現在になって急に開発した知識ではない。成功してきた人にとっては、**当たり前の知識**だったわけです。

当たり前の知識。そしてすべての人に、公平に与えられていた知識。にもかかわらず、ほとんどの人は、その重要性に気づかなかった。本物のノウハウっていうのは、たいていは知ってしまうと当たり前の話。しかし、この当たり前に、価値を見出せる人が、本当に限られるんですわ。

同じような状況が、人生の成功法則にもある

「人生に、成功の法則ってあるわけないじゃないか？」と思われるかもしれないよね。

実は、私も前は、「人生に成功の法則なんて、あるはずはない」「そりゃ、個々人によるもんだろう」と思っていたんです。しかし人生には、成功の法則があるんですよ。

10年前。

私は、失業者だった。

ＭＢＡを取ったあと、入社したコンサルタント会社から３カ月でリストラされた。非常に落ち込んでいたんですよね。仕事を見つけようにも、なかなか見つからない。外資系の会社に面接に行くたびに、「キミは調査ばっかりで、ものを売った経験がないじゃないか？」と言われる。

「キミ、なんか人生勘違いしているんじゃないの？　そもそも人生設計に一貫性がないだろう！」

こんなふうにどやされた。完全に自信を失っていたわけ。そんな時期に、ふらっと立ち

寄ったのが、銀座のある書店。

吸い込まれるように、手に取った本が、〃マーフィーの法則〃に関する本だった。

「潜在意識っていうのは、**蓄音機がレコードを鳴らす**のと同じ仕組み。つまり、思っていることが、そのまま潜在意識に刻まれる。そして、その通りの現実が起こる」

マーフィーの法則は、何冊もシリーズで出ているから、どの本を読んだのか忘れてしまったけど、こんなことが書かれてあったと思う。

この部分を読んだとき、ものすごい衝撃があった。

「あぁ、そうだったのかぁ！」

すべてが氷解した。考えてみれば、私は、リストラされることばかりを恐れていた。そのコンサルティング会社は、入社したときには、すでに業績が悪くなっていた。縮小するという噂《うわさ》が流れていたときだった。

同時に3人が入社したけど、経験が一番ないのは私だ。すると、「一番先に、リストラされるのは私じゃないか」と考えていた。学歴はあるけど、経験ないしね。こんなふうに、リストラの怖れを考え続けているわけだから、潜在意識に刻み込まれる。そして、その通りに現実になっていく。

「あぁ、自分がリストラされたっていうことは、自分自身が望んだことだったんだ」と気づいた。考えることが、現実化する。本当に、現実化していく。思考というのは、それほど強力。

「これが、人生の法則なんだ！」

やっとこの単純なことに、気づかされた。この気づきがあって、人生が変わった。

実は、当時の年収っていうのは700万円だった。そこで、リストラ後、仕事を探している際も、「前の年収よりも若干アップして、800万円くらいもらえれば、上出来だろう」と考えていた。

ところが、私は、考え直した。

「潜在意識に刻まれたことが、現実化するんだったら……。それが、もし本当だったら、何も800万円で満足する必要はない……」

そこで、**紙に書いた**。

「私は、年収1000万円の仕事を得ることができました」

かくして、その1カ月後。

外資系の会社から、就職契約を渡された。

年収の額面を見ると、1000万円。1円の食い違いもなかった。

これ、実話。

このニュースレターは、成功するための自己啓発が目的じゃない。だからこれ以上は、深入りしないけど、成功法則について詳しく知りたい人は、ナポレオン・ヒルの『思考は現実化する』とか、マーフィーの法則とかを読んでください。

要するに、人生の成功法則と同様、マーケティングでも成功法則というのは実在するということ。そして**成功法則は、時代に応じて、コロコロ変わるもんじゃない。それは百年どころか、何千年も変わっていない**、ということだ。聖書を読んでみれば、成功法則が、さりげなく語られているわけでしょう。

それは目の前にあるわけです。それに気づくか、気づかないか？

それだけ。

実践会の情報も、目の前にある。

同じ情報、同じ業界、同じ業種の社長が受け取ったとしても、2人のタイプに分かれる。

1人は、「あぁ、そうか、こうやればいいんだ」「こんな分かりやすい方法は、さすがにライバル会社には知られたくない」と感じる。

もう1人は、1時間かけて、どんなに具体的に説明しても……、

「あぁ、そうですか？　**何かいい方法があれば、また教えてください**」

とほほ。

いい方法は、すでにあなたの目の前にあるんだって。それに気づかないから、苦労してるんだって。

同じ会社、同じ業界でも、それだけの違いが生じる。

あなたは、どっちに入ります？

神田昌典（かんだ　まさのり）

経営コンサルタント・作家。日本最大級の読書会『リード・フォー・アクション』主宰。

上智大学外国語学部卒。ニューヨーク大学経済学修士、ペンシルバニア大学ウォートンスクール経営学修士。大学3年次に外交官試験合格、4年次より外務省経済部に勤務。戦略コンサルティング会社、米国家電メーカーの日本代表として活躍後、1998年、経営コンサルタントとして独立。コンサルティング業界を革新した顧客獲得実践会を創設（現在は「次世代ビジネス実践会」へと発展）。同会は、延べ2万人におよぶ経営者・起業家を指導する最大規模の経営者組織に発展、急成長企業の経営者、ベストセラー作家などを多数輩出した。

1998年に作家デビュー。分かりやすい切り口、語りかける文体で、従来のビジネス書の読者層を拡大し、実用書ブームを切り開いたため、出版界では「ビフォー神田昌典」「アフター神田昌典」と言われることも。

『GQ JAPAN』（2007年11月号）では、“日本のトップマーケター”に選出。

2012年、アマゾン年間ビジネス書売上ランキング第1位。

現在、ビジネス分野のみならず、教育界でも精力的な活動を行っている。また、株式会社ALMACREATIONS代表取締役、公益財団法人・日本生涯教育協議会の理事を務める。

著書に『全脳思考』（ダイヤモンド社）、『成功者の告白』（講談社）、『2022―これから10年、活躍できる人の条件』（PHPビジネス新書）、『あなたの会社が90日で儲かる！』『非常識な成功法則【新装版】』『口コミ伝染病』（以上、フォレスト出版）など多数。

◆神田昌典公式サイト　http://www.kandamasanori.com/

不変のマーケティング

2014年2月22日　初版発行
2014年3月16日　5刷発行

著　者　神田昌典
発行者　太田　宏
発行所　フォレスト出版株式会社
〒162-0824 東京都新宿区揚場町2-18　白宝ビル5F
電話　03-5229-5750（営業）
03-5229-5757（編集）
URL　http://www.forestpub.co.jp

印刷・製本　日経印刷株式会社

©Masanori Kanda 2014
ISBN978-4-89451-605-2　Printed in Japan
乱丁・落丁本はお取り替えいたします。

フォレスト出版　神田昌典の大ベストセラー

【新装版】非常識な成功法則

お金と自由をもたらす8つの習慣

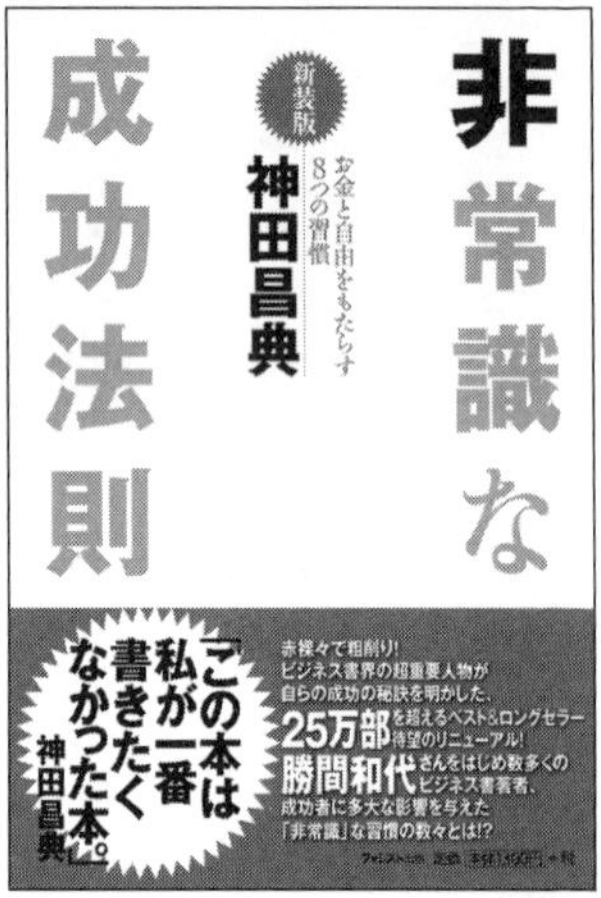

神田昌典・著

定価 1300円（+税）

「嫌な客に頭を下げるな！」
「やりたくないことを探せ！」

2002年6月、当時気鋭のマーケターとして人気を博していた神田昌典が成功法則本を発表。自らの成功の秘訣と実践を赤裸々に、粗削りに明かした内容は、数多くのビジネス書著者、成功者に多大な影響を与えた。

その一部を修正した新装版が本書。旧版と合わせ30万部突破の、非常識とは言いつつももはや〝定番〟の成功法則本！

著者・神田昌典は、本書を評してこう語る……。

「ああ、嫌だ。この本は、あまりにも、私の、粗削りな本音が出過ぎちゃってる。」（新装版まえがきより）